街場の教育論

内田樹

Tatsuru Uchida

MISHIMASHA
ミシマ

まえがき

みなさん、こんにちは。内田樹です。『街場《まちば》の教育論』をお買い上げくださいまして、ありがとうございます。

本書は二〇〇七年度の神戸女学院大学の大学院「比較文化・文学」での講義録を編集したものです。もちろん大学院の授業の講義録をそのまま本にはできません（とても活字にできないようなこともたくさんしゃべっていますから）。言い過ぎたところを削り、言い足りなかったことを書き足したら、こんな本になりました。

二〇〇七年といえば、安倍晋三元首相の主導で「教育再生」が進められていた年です。教育再生会議が次々とメディアをにぎわす提言を行い、教育基本法が改訂され、教育三法が制定された。教育についての議論がホットだった時期のことです。

「だった時期」と過去形で言うのは、去年のあのメディアの興奮ぶりと比べると、二〇〇八年末の今は嘘のように静かだからです。最近はメディアでは「教育改革」とか「教育再生」とかいった文字を見る機会はほとんどありません。そんな時期に「教育論」の本を出すというのも、なんだか祭りの終わったあとの神社の境内《けいだい》にひとりでたこ焼き屋の屋台を出しているような気分です。

教育問題は解決されてしまったのでしょうか？　まさか、そんなはずはありません。でも、人々はどうやら教育について論じるのに「飽《あ》きて」しまったようです。どれほど喫緊《きっきん》な政治的論件であっても、それについて論じるのにみんなが「飽きてしまう」ということがあります。飽きるには飽きるなりの必然性がありますから、文句を言っても始まりません。それに、私のこの本は（何頁かめくっていただくとわかりますけれど）「教育について熱く論じるのは、よくない」ということを熱く論じている本なのであります（変な本ですね）。「政治家や文科省やメディアは、お願いだから教育のことは現場に任せて、放っておいてほしい」というのが本書が申し述べるほとんど唯一の実践的提言です。

放っておかれるだけで教育にかかわる問題が一気に解決すると信じるほどに私は楽観的な人間ではありません。でも、それによって教育が「これ以上悪くなる」ことは止められるという点については満腔《まんこう》の確信を持っています。せっかく人々が教育について論じるのに飽きてきた頃合ですので、どうぞお願いですから政治家のみなさんも財界のみなさんも教育評論家のみなさんも（文科省のお役人はそうもゆかないでしょうが）このまま教育のことは忘れて、「金融危機」のことにでもご専心くだされればと思います。たまたま書店でこの本を手にとってしまったら、できたら頁をめくらずにそのまま書棚にお戻しください。ほんとうに、ぜひ。

街場の教育論　目次

第1講

教育論の落とし穴

教育は惰性の強い制度である

こんにちは。今期は半年間「教育」をテーマに議論をしたいと思います。毎回、みなさんからいろいろな論点を出していただいて、それについて私がコメントするという、いつもの形式で進めるつもりです。

今日は第一回ですから、私の方から問題提起をさせていただくことにします。少し先走って、結論的なことまでいきなり口走ってしまうかもしれませんし、こなれの悪い用語も出てくると思いますが、まだこの先、半年間ありますので、たぶん同じことを別の角度から何度もとり上げることになるでしょうし、繰り返し聞いているうちに、私が頻用するへんてこな用語の意味もだんだんとなじみがよくなってくるだろうと期待しております。

イギリスのトニー・ブレアさんが首相に就任したときにこう言って、議場の拍手喝采《はくしゅかっさい》を浴びたそうです。

「私が優先的に実行しなければならない政治課題が三つある。それは教育、教育、そして教育だ」

英国の社会的な不調の根本原因が教育にあるということについては、国民的な合意があったということなのでしょう。

日本でも安倍晋三元首相が、政権に就いた直後に「教育再生」を喫緊《きっきん》の課題に掲げました。どうして為政者《いせいしゃ》たちは就任すると、とりあえず教育問題を優先的な政治課題に掲げるのか。むろん、これにはわけがあります。

教育に関しては、どのような政策を採用しても、失政を咎《とが》められる可能性がないからです。

教育は惰性の強い制度です。

だから、入力の変化があってから、出力の変化が結果するまでに長い歳月がかかります。早くて数年、場合によっては十年、二十年。総理大臣が優先的な政策課題に掲げたからといって、すぐに変わるようなものではありません。その政治家がたまたま二十年ほど総理大臣の座にあれば、引退間際には自分が二十年前に導入した教育政策の当否について、実証的な吟味《ぎんみ》が可能になるかもしれません。しかし、二年や三年の在任期間では、施策《しさく》が成功したかどうかどころか、そもそも施策が実施されるのを政権の座から見ることさえできないでしょう（安倍さんは実際に見ることができませんでした）。

ですから、教育改革を語っている限り、政治家は失政を咎められる心配がありません。どれほど愚かな政策を提言しても、それが実証的に「愚かであった」ということを在任中に突きつけられる心配がない。ですから、あまり政策に自信のない政治家たちは好んでとりあえず「教育改革」を口にするのです。

政治家だけではありません。同じことは教育を論じるすべての立場の人間にも当てはまります。今ここで教育を語っている私たち自身にも。

私たちはこれから教育を論じるわけですけれど、その論の当否は少なくとも相当期間が経たないと検証できません。だから、私たちはこと教育に関しては、自説の誤りの責任を取るリスクを取らずに、言いたい放題に言うことができる。このことを、教育を論じるに当たっての「自戒」の言葉として最初に掲げておきたいと思います。

自説の当否を検証されるリスク抜きで発言することが許される場合に、節度を保つことはたいへん困難です。「教育を語るとき私たちはつい過剰に断定的になる」。これが「教育は惰性の強い制度である」ということの第二の含意です。

「惰性が強い」というのは平たく言えば「鈍重《どんじゅう》」ということです。ハンドルを切ってもレスポンスがなかなかない自動車を運転している気分を想像してください。そういう場合、私たちはつい動作を大きく、誇張しがちです。「これぐらい言ってやらなきゃわからない」というようなエクスキュースが効くときに、私たちはふだんよりずっと暴力的で、容赦のない人間になります。教育を語る人間がつい「熱く」なりがちであり、過度に断定的になり、自説に反対する人に対して必要以上に非寛容になるのは、おそらくそのせいです。

教育の根本的改革は不可能である

惰性の強い制度である教育は巨大な石が坂道をごろごろ転がっている状《さま》に似ています。転がってゆく方向がどうもおかしいと思っても、転がっている巨石を自分の力で押しとどめることはできません。そんなことをしたらそのまま圧《お》し潰《つぶ》されてしまいます。

教育を押しとどめるというのは、ある日、一片の政令を以《もっ》て「学校教育を一時停止する」ということだからです。全国の学校を閉鎖し、教員を解雇し、カリキュラムを全廃し、子どもたちに「次の学校」が整備されるまで、家で遊んでいてくれということです。

いや、ほんとに。

でも、そんなことできるはずがありません。

たしかに、学校教育を力ずくで停止させることを試みた独裁者がいなかったわけではありません。毛沢東やポル・ポトはそれに類した教育改革を断行しました。その結果、ほぼ一世代にわたり国民の教育水準に壊滅的な傷を残しました。私たちは歴史からそのことを学びました。ですから、私たちは教育の「迅速でかつ根本的な改革」が実は実現不可能であることを知っているのです。

教育を改革するとしても、それはとりあえず今の教育を継続しながらでしか実行することができません。これは私たちが教育を語るときに忘れてはならないテクニカルな前提です。

そして、実に多くの教育論者たちがこの「テクニカルな前提」を勘定に入れ忘れている。

子どもたちが毎日学校に通い、先生の言葉におとなしく耳を傾けない限り、教育は機能しませんし、もちろん「教育改革」も機能しません。とりあえず教育の基本的なところは順調に機能していない限り教育を改革することはできません。

そうですよね。

今教室で教えられている学習内容が「有用で意味がある」ということを否定したら、教育は成立しません。今教えている教師たちが適法的に教育を行っているということを否定したら、教育は成立しません。

子どもたちに向かって、あなた方が今教室で教わっていることには「何の意味もないかもしれない」、あなた方の前に立って教壇から語りかけている教師たちは「間違ったことを語っているかもしれない」、現在行われている教育はそれほどに「病んでいるのだ」と言っておいて、ある日「みなさん！　政治主導で教育改革が断行されました。ついては今日から後は、教室では意味のあることだけが教えられ、教師たちは何一つ間違ったことを言わないようになります」と高らかに宣言しても、たぶん子どもたちは誰一人その言葉を信じないでしょう。

子どもたちに学校と教師に対する不信を組織的に扶植《ふしょく》することを通じて、「学校と教師に全幅の信頼を置く子どもたち」を作り出すということは不可能です。

それくらいのことは誰にでもわかっていいはずです。にもかかわらず、そのことさえわかっていない人が教育について発言している。

年金制度なんかとはそこが違います。年金の場合なら、社保庁に対する不信が高まっても、「安心できる年金制度を担当する別の役所をつくる」という手が使えます。「制度改革が行われたので、これからはもう年金は安心です」と約束することができます。

政治だって同じですね。代議士は総選挙がくれば、理論的には「全とっかえ」することが可能です。代議士が全員「新人」になったら議会は機能しない、というようなことはありません。なにしろ、本邦は総理大臣が突然辞職して「政治的空白」ができても、外交的危機も通貨危機も何も起こらない国なんですから。

でも、学校については「そういうこと」ができません。根本的な教育改革をしようとしたら、現行の学校制度を一時停止するしかないからです。子どもたちに誰も何も教えないという「空白期間」を置かない限り、根本的な教育改革などというものはできません。そして、その「空白期間」は確実に国民の知的・情的成熟に致命的な損傷を与えることになります。

そういうことを言う人があまりおりませんので、私が代わりに申し上げますが、何かを根本的に変革するというのは、そういうことです。

みなさんが乗っている自動車の調子が悪いときに「運転したままで修理したい」と言うことはありませんね。誰だって、調子が悪いときには、エンジンを止めて修理工場に託《たく》します。その間はしかたがないから電車やバスで通勤します。

しかし、教育制度については「そういうこと」はできません。

よろしいですか。「そういうこと」はできないんです。

教育制度を改革するというのは、「故障している自動車に乗ったまま、故障を修理する」というアクロバシーを意味します。それがわかっていれば、教育改革というのが、どれくらい困難でかつデリケートな操作を要するものであるか、想像がつきますでしょう。

「教育を改革する」ということは、学校への信頼と、教師たちの知的・情緒的資質への信頼を維持しつつ、それと並行して「学校制度の信頼するに足らざる点、教師たちの知的・情緒的な問題点」を吟味するということです。

こう言葉にしただけでもたいへんにむずかしい仕事であることがおわかりになるはずです。制度への信頼を維持しながら、制度の改革すべき点をシビアに点検する。それは自動車を高速で走らせながら、故障箇所を修理するにひとしい。『スピード』ではキアヌ・リーブス君が時速五〇マイルで疾走するバスの床板から爆弾を外そうとして苦闘する場面がありますけれど、教育改革とはそういう複雑で精妙な操作を要するものなのです。

そのことがわからないままになされているせいで、教育改革の提言の多くは理論的にはつじつまが合っているのだが、さっぱり現実性がないものになりがちです。

教育改革の主体は私たちである

多くの改革論者は「学校教育の失敗」の事例をできるだけたくさん列挙することから始めます（場合によってはそれだけで終わり、という論客もいます）。ここも悪い、ここも壊れている、ここも手もつけられない……そういうことばかり言い立てる。政治家も評論家も、学校教育は「ダメ」になったと口を揃《そろ》えて言い立てました。おかげで教育改革が喫緊の課題であることについての国民的合意は形成されました。けれども、驚くべきことに、まことに驚くべきことに、その教育改革をいったい「誰が」担うのか、ということについては、考えている人はほとんどいませんでした。

「誰かがやるだろう」とみんな思っていたのです。

これは重要な公的問題についてしばしば私たちが陥るピットフォール（落とし穴）です。問題が深刻であればあるほど、解決のための仕事を「誰が」担うのかという問いがニグレクトされる。

というのは、みんな「それほど重大な問題なら、放っておかれるはずがない。きっと誰か『責任者』が出てきて、きちんと処理してくれるにちがいない」と信じてしまうからです。

問題が重大なものになればなるほど、その瑕疵《かし》をあげつらう人たちは、「瑕疵をあげつらう」ことだけで市民的義務は果たされ、あとは「誰か」がその尻ぬぐいをするのだろうと思うようになる。

それほど深刻な問題であれば、個人の努力でどうこうなるようなレベルにあるはずがないからです。

制度上の問題が深刻になればなるほど、市民ひとりひとりの責務が曖昧になる（場合によってはなくなる）、というのが公的問題を論じるときの落とし穴です。そして、私たちは明らかにこの落とし穴に落ち込んでいます。

「言うだけ言って、何もしない」というのは、今の日本を冒しているある種の「国民病」のようなものになりつつあります。テレビでも新聞でも、識者たちが切れ味のよい世相批判を繰り広げてくれるおかげで、制度上のさまざまな問題があることを国民は知っています。でも、その問題は誰が解決するのか？　それについては誰もコメントしない。テレビの画面で「この国はいったいどうなってしまうのでしょう？」と眉間《みけん》に縦じわを寄せて「では、次、スポーツです」と話題を変えるコメンテイターは、そういうことはあまり考えていないようです。テレビを見ている誰かが「あ、これはオレの仕事か」と気づいて、あわてて問題解決に立ち上がるという牧歌的な展開を夢見ているのかもしれません。

でも、そんなことは起こりません。絶対に。

社会制度の欠陥を補正するのは「私たち」です。「責任者出てこい」なんて言っても、誰も出てきません。主権在民の民主国家では、社会制度の欠陥の責任者は国民自身なのです。

教育改革も同じです。

教育制度に問題があるとしたら、それを解決しなければならないのは、「私たち」です。自分の仕事は制度の欠陥をあげつらうことだけであり、欠陥を補正するのは「誰か他の人の仕事だ」と思っていたら、それは間違いです。

もしかすると「こんな教育に誰がした。なんとかしろ」と糾弾《きゅうだん》している人たちは、戦後のアメリカ占領軍による教育制度改革のようなものを夢見ているのかもしれません。圧倒的な軍事力と経済力をもった「外部」が到来して、強権的にすべてを変えてしまう。教科書に墨《すみ》を塗って、昨日まで「八紘一宇《はっこういちう》」「撃ちてし止まん」と呼号していた教師たちが一夜にして「民主主義」の旗を振るようになる。そういう場合には、国民には改革の主体である必要はありませんから。

しかし、幸いなことに（あるいは不幸なことに）、今の日本の教育制度を「これではいかんので、改めなさい」と軍事力を楯《たて》に命令してくるような勢力は存在しません。制度を改革する責任は一〇〇パーセント「私たち」にあり、現実にその主力を担うのは、教育論議において論客たちが「こいつらはダメだ。てんで使いものにならない」とさんざん罵倒《ばとう》し尽くした当の教師たち以外に存在しません。

教師たちをどう支援するか

教育制度を「新品と取り替えること」は不可能です。不可能である以上、「教育改革」というのは、「ありもの」の機構と「ありもの」の教員の潜在的なパフォーマンスをどうやって最大化するかという国民的課題に収斂《しゅうれん》します。

教育改革の成否は、教育改革を担うべき現場の教員たちをどうやってオーバーアチーブへと導くか。彼らのポテンシャルをどうやって最大化するかにかかっています。

では、どうやってか。教員たちを上意下達組織の中の「イエスマン」に仕立てることによってでしょうか。教育技術をマニュアル化することによってでしょうか。厳格な勤務考課を行って、能力主義的「格付け」を行うことによってでしょうか。経験豊かなビジネスマンであれば、そのような人事管理政策は「コスト削減」や「不確定要素の排除」はもたらしても、「パフォーマンスの向上」には結びつかないことを知っているはずです。

私たちの国の教育に求められているのは「コスト削減」や「組織の硬直化」ではありません。現場の教員たちの教育的パフォーマンスを向上させ、オーバーアチーブを可能にすることです。それに必要なのは、現場の教師たちのために「つねに創意に開かれた、働きやすい環境」を整備することに尽くされる、というのが私の意見です。

これは政治家やメディア知識人や文科省の考えとはおそらく逆のものです。彼らはどうやって教師を不安にし、怯《おび》えさせ、弱気にし、卑屈な存在にするか、そのことを主に考えています。

私が教師として現場にいた過去三十年間に限って言えば、文科省の行政指導の中に「教師に自信を与え、勇気づけ、自尊感情をもたらす」ことを目的として立案された政策は一つもありませんでした。もしかすると立案した官僚の頭の中では「これで教師のパフォーマンスが向上する」という見通しがあったのかもしれませんが、その思いは残念ながら現場には伝わりませんでした。

私は現行の教育制度がさまざまな欠陥を持つものであること、現に能力の低い教員、意欲のない教員、モラルの低い教員がいることをもちろん認めます（現場の人間ですから）。けれども、私たちにはこの（不出来な教員も含めた）「手持ちの人的資源」でやりくりするしかありません。

「手持ちの資源」（les moyens du bord）でやりくりするというのは、とりあえず現に教育の崩壊をフロントラインで防いでいる「能力があり、意欲があり、モラルの高い教員たち」のアクティヴィティを支援し、そのオーバーアチーブによって、制度上のもろもろの瑕疵のもたらす否定的影響をカバーするということです。

教員たちが発明の才を発揮し、新しい教育方法を考案し、実験し、議論し、対話し、連帯することができる、そういった生成的な労働環境を作り出すこと。それが私たちに許された唯一可能な「教育改革」の方向だと私は思っています。

ですから、最初に、次のことだけをみなさんと合意しておきたいと思います。
（1）教育制度は惰性の強い制度であり、簡単には変えることができない。
（2）それゆえ、教育についての議論は過剰に断定的で、非寛容なものになりがちである（私たちがなす議論も含めて）。
（3）教育制度は一時停止して根本的に補修するということができない。その制度の瑕疵は、「現に瑕疵のある制度」を通じて補正するしかない。
（4）教育改革の主体は教師たちが担うしかない。人間は批判され、査定され、制約されることでそのパフォーマンスを向上するものではなく、支持され、勇気づけられ、自由を保障されることでオーバーアチーブを果たすものである。

ざっとこれくらいのことを教育論の前提としてご了解いただければ、と思います。

もちろん、この段階ですでに「あなたの言うことには同意できない」という方もおられるかもしれませんが、その方にももう少し我慢していただいて、次の章までお付き合い願いたいと思います。それを読めば、私がどうして、このようなことを申し上げるに至ったのか、その理路がご理解いただけるのではないかと思います。

第2講

教育はビジネスではない

教育はビジネスか？

「教育にもビジネスマインドは必要だろう」とおっしゃる方も多いと思います。かく言う私も「教育にはビジネスマインドが必要である」と教授会ではずいぶん言い立てて、「象牙《ぞうげ》の塔《とう》」を愛する同僚たちの憤激《ふんげき》を買ったものです。

たしかに、大学だってお金がなければ回りません。きちんと入学者を確保しておかないと、自分たちがしたい教育ができません。だから、あまり浮世離《うきよばな》れしたことばかり言っているわけにはゆかない。

でも、「私たちがやりたい教育をするためには、財務内容をどうやって健全化すべきか」と考えるのと、「収支を黒字にするためには、どういう教育をすればいいか」と考えるのは、似ているようですけれど、方向が違います。

学校は営利企業ではありません。利益を上げるために出資者を募って始めたわけではない。それよりは、もともと「利益が上がらない」ものだと思った方がいい。「いろいろな人からのご支援」を得て、かろうじて成り立つものだと考える方がいい。

ですから、大学と財務ということを考える場合には、「どうやって利益を上げるか」ではなく、「どうやって多くのご支援を集めるか」というふうに問題は立てられるだろうと私は考えています。

この場合の「ご支援」というのは「出資」とは違います。確実な「配当」をめざしての「ご支援」なんか大学は集められません。申し訳ないですけれど、これは先方の「持ち出し」になります。でも、それは出したものとは違ったかたちでいつか戻されるはずです。学校というのは「差し出したもの」が、それとは違ったかたちのものとして、いつか戻ってくる。そういう制度です。このあたりの呼吸がビジネスマインド一点張りの方にはなかなかご理解いただけません。

今回の教育再生会議のメンバーの発言を聞いていると、[1] 教育をビジネスマインドで捉えようとしている方の言うことがたいへんクリアーカットで、説得力があるように見えます。教育にも市場原理、競争原理を導入せよ。経営努力を怠る学校は市場の淘汰圧《とうたあつ》にさらされて退場すべきである。それがフェアネスだ、と。

それだけ聞くとたいへんロジカルに聞こえるのですが、この方たちは教育とビジネスでは扱っている「時間」が違うということを忘れています。

ビジネスは無時間モデルですが、教育はそうではありません。まず、それについてご説明しましょう。

「時は金なり」

ビジネスというのは、入力と出力の間の時間差がゼロであることを理想とします。これはわかりますね。例えば、ある商品を開発する。企画が出されてから、製品化されて、市場に投じられるまでのタイムラグはできるだけ短い方が望ましい。当然ですね。マーケットがそれに反応する。すぐれた商品であれば、売り上げが伸びる。人気が出なければ市場から撤退する。

ビジネスの常識その一は「マーケットは間違えない」ということです。経営の成否はマーケットによって直ちに検証される。マーケットが拒絶した商品やビジネスモデルは、本人がどれほど「これは素晴らしいものだ」と言い張っても、誰も相手にしない。これがビジネス

1 この授業は2007年4月に行われた。

の基本ルールです。だから、ビジネスはおもしろい。それは、やったことにすぐに判定が下るからです。

正しいことをしたから成功するのではない。成功したものが正しい。だから、ビジネスにおいて、行動からその成否の判定までの時間はできるだけ短いことが求められます。なにしろ「Time is money」なんですから！　「時は金なり」というのは、時間は貨幣に置換《ちかん》可能であるということです。つまり、「時間がかかる」というのは端的にそれだけ「金がかかる」ということです。ある新製品をつくった。マーケットがすぐに反応しない。そういうときに、「いつか」売れ始めるのではないかとじっと待っているということは許されません。売れない商品の生産ラインを残し、労働者たちに給料を払い、在庫を増やしてゆくというのは、「損失」以外のなにものでもありませんから。「時は金なり」というのは「マーケットではすべてのやりとりが時間差ゼロのうちになされることを理想とする」ということです。だから、東京の証券取引所と、シティの取引所では、ネットでの株の売り買いのときのキーボードを押してから取引が成立するまでの時間差がコンマ何秒かシティの方が早かったので、トレーダーがシティに流れた、というようなことも起こりえるわけです。

ビジネスでは、キーボードを押してからディスプレイに文字が出るまでの時間差がゼロであるのを理想とします。キーを押してから文字が表示されるまでに一秒のタイムラグがあるパソコンはおそらく私たちにとって耐え難くストレスフルでしょうし、ましてやキーを押してから一分経ってからようやく文字が表示されるような機器で文字を書くことは私たちには不可能でしょう。

けれども、私がさきに「教育は惰性の強い制度である」ということを言ったのは、教育は「キーを押してから文字が表示されるまで長い時間がかかる」ようなシステムだということです。

それどころではありません。正直に言うと、教育というのは「差し出したものとは別のかたちのものが、別の時間に、別のところでもどってくる」システムなのです。喩《たと》えて言えば、キーボードを押すと、ディスプレイに文字が出る代わりに、三日後に友だちから絵葉書が届いたとか、三年後に唐茄子《とうなす》を二個もらったとか、そういうどこをどう迂回《うかい》したのかよくわからないような「やりとり」が果たされるのが教育というものの本義なのです。

ビジネスマンはそのようなシステムが存在すること自体が信じられませんし、許せません。それはビジネスマンの生理と論理に反するからです。その判断は当然だと思います。けれども、申し訳ないけれど、教育というのは「そういうもの」なのです。

変化を望まない人々

教育は入力から出力までのあいだに「時間がかかる」。それはそこを行き交うものが商品やサービスではなく、人間だからです。

惰性が強いというのは、わずかな入力によっては変化しないということです。そして、わずかな入力では変化しないという点が、学校という制度の一つの手柄《てがら》でもある。私はそう思っています。

例えば、「学校文化」というものがある。「校風」と言ってもいい。これは変化を嫌います。

本学には三万人の会員を擁《よう》する同窓会がありますが、彼女たちの願いの一つは「自分の出た学校が、自分が通っていたときのままのものであってほしい」というものです。

同じキャンパス、同じ教室で、できることなら同じ教師による、同じ授業が行われていることを卒業生たちは（無意識に）望んでいます。「昔と少しも変わらない教育が行われていること」はその学校が社会のニーズや当節の流行にキャッチアップできないという「欠点」として見られるのではなく、むしろ時代を超えた価値をもつ教育を行っているという「長所」として解釈される。そういう解釈をするのはたぶん卒業生たちだけですけれど、それでも「変化しないこと」を求める強い欲望が現に活発に息づいており、その欲望が母校に対する強い帰属意識と愛着と絡み合っているという点は見落とすことができません。

ですから、卒業生たちは自分の出た学部や学科がなくなること、自分の受けたカリキュラムがなくなることにつねにショックを感じます。それは彼女たちにとって「あなたの受けていた授業はもう時代遅れで無意味なものになった」と宣告するに等しいからです。

この事例だけでも、教育がビジネスの枠組みでは語り切れないということはおわかりいただけるでしょう。母校の校風や教育理念や教育方法が不変であることを願うこの同窓生たちは、いわば、ある商品を購入し、支払いを終え、商品を費消《ひしょう》したあとも引き続きその商品がかたちを変えずに製造販売されて市場に供給され続けることを望み、そのためには自腹を切ってメーカーを応援してもいいと考えている消費者のような存在です。わかりにくい喩えかもしれませんけれど、そんな消費者は存在しませんから、わかりにくい喩えになるのはしかたがありませんね。

私立学校の場合、この卒業生たちは学校の重要な現役構成員です。彼ら彼女らの意向を配慮し、その強い支持を得なければ、学校の経営は立ちゆきません。でも、一般の営利企業の場合は、「大きな変化を望まない」ステイクホルダーを構造的に抱え込んでいるということはありえません。そんなものを抱え込んでいたら、すぐに潰れてしまうでしょう。しかし、日本の私立学校の多くは、一般の営利企業が抱え込むことのできないようなタイプのステイクホルダーによってむしろ支えられています。

教育のステイクホルダーは誰か?

では、学校のステイクホルダーとはいったい誰のことなのでしょう。

政府、中教審、文部科学省、自治体の教育委員会、教員、子どもたち、その保護者たち、地域社会、受験産業、メディア……リストはまだ長いものにできます。企業活動に比べても遜色ないほどにステイクホルダーの数が多い。

けれども、ここではビジネスにおける「商品」に相当する「やりとりの中心」になるものがモノとしては存在しません。関与者たちは無数にいるのだが、彼らがではいったい「何に」関与しているのかと改めて考えると、よくわからない。

教育の中心にあるのは何なのでしょう? 教育をめぐるすべての人間的活動が「それ」を中心に編成されているものとは何なのでしょう?

まず、この問いを考えてみましょう。

やり方はむずかしくありません。「それなしでは教育が成立しないもの」をひとつずつ除去して、最後に残ったものは何かを考えればいいからです。

教育が成立するためになくてはならぬものは何か？

政府や中教審や文科省や教育委員会ではもちろんありません。そんなものだけあっても教育は成立しませんし、なくても教育はちゃんと成立します。

ご存じのように、江戸時代にも教育はみごとに機能しておりました。当時の日本の教育水準は、識字率を指標にすれば世界最高でした。もちろんその時代に、あるべき学校のすがたを発令する中教審や、学習指導要領を決める文科省が存在していたわけではありません。

幕末の最強の教育機関といえば、異論の余地なく吉田松陰の松下村塾《しょうかそんじゅく》です（なにしろ高杉晋作、久坂玄瑞《くさかげんずい》、前原一誠《いっせい》、伊藤博文、山県有朋《ありとも》、品川弥二郎を輩出したのですから）。これももとは松陰の叔父の玉木文之進《ぶんのしん》が狭い自宅で開いていた小さな私塾でした。

緒方洪庵《おがたこうあん》の適塾《てきじゅく》も、『福翁自伝《ふくおう》』を読むと、西日の当たる狭い部屋に暑苦しい青年たちがひしめいていて、裸で輪読をしていたそうですから、今日の大学設置基準に照らせばまず開学は不可でしょう（校地面積不足と消防法違反で）。

中央集権的な教育行政がなくても、教育機関の条件を規定する法律がなくても、教育が成立するには何の支障もありません。

これは大事な前提ですので、ぜひ覚えておいてください。

では、保護者たちはどうでしょうか。

これもはっきり言って、教育に不可欠の要素ではありません。親がいなくても教育には何の支障もありません。というか、近代の公教育について言えば、学校の歴史的使命は「親から子どもを守る」ことにあったからです。

義務教育は何のためのものか

「義務教育」という言葉があります。ほとんどの学生さんはこれを「子どもは学校に通う義務がある」というふうに考えていますが、もちろんそれは誤解です。義務を負っているのは親の方です。

日本国憲法二六条一項にはこうあります。

「すべて国民は、法律の定めるところにより、その能力に応じて、ひとしく教育を受ける権利を有する」

同二項にはこうあります。

「すべて国民は、法律の定めるところにより、その保護する子女に普通教育を受けさせる義務を負ふ。義務教育は、これを無償とする」

ご覧の通り、子どもには「教育を受ける権利」があるだけで、義務はありません。子どもを学校に通わせる義務を負っているのは親の方なのです。

どうして、親に子どもに教育を受けさせる義務が発生したのか。これは教育史をひもとくとわかりますけれど、子どもたちを親による収奪から守るためです。

私たちはもう「児童労働」というものを実感としては知りませんけれど、産業革命以来、子どもたちは労働力として消耗品に近い扱いを受けていたのです。

マルクスに『資本論』を書かせた動機の一つは同時代のイギリスの児童労働の実態でした。『資本論』の第一巻第3篇「絶対的余剰価値の生産」を論じた中で、マルクスは労働の搾取《さくしゅ》のきわだった例として、児童労働を報じた当時の新聞記事を引用しています。

> 夜中の二時、三時、四時に、九歳から一〇歳の子供たちが汚いベッドのなかからたたき起こされ、ただ露命をつなぐためだけに夜の一〇時、一一時、一二時までむりやり働かされる。彼らの手足はやせ細り、体躯は縮み、顔の表情は鈍磨し、その人格はまったく石のような無感覚のなかで硬直し、見るも無惨な様相を呈している。
>
> （「デイリー・テレグラフ」、一八六〇年一月一七日、『資本論』第一巻上、今村仁司他訳、筑摩書房、二〇〇五年、三五七頁）

マッチ製造業は、その不衛生さと不快さのためにきわめて評判が悪く、飢餓に貧した寡婦等、労働者階級でももっとも零落した層しかわが子を送り込まないようなところだった。送られてくるのは「ぼろをまとい飢え死にしかけた、まったく放擲され教育を受けていない子供たち」である。(……)二七〇人が一八歳未満、四〇人が一〇歳未満、そのうちの一〇人はわずか八歳、五人はわずか六歳だった。労働日は一二時間から一四、五時間にわたり、夜勤、不規則な食事、しかもほとんどがリン毒に汚染された作業場内での食事である。

(「児童労働調査委員会、一八六三年」、同書、三六一頁)

その頃、リバプールやマンチェスターの紡績工場の資本家たちは、孤児や貧困家庭の児童を国中から集めて、低賃金の重労働に就かせていました。炭坑のような危険な労働にも従事させられました。もちろん学校になんか行っていませんから、文字も読めないし、四則計算もできない。早くに酒や博打《ばくち》を覚え、少女たちは売春することを覚える。そして、重労働と不摂生と非衛生的環境のせいで、早くに死にました。

マルクスはこのような非人間的な労働環境から子どもたちを守るために「労働価値説」を展開するわけですが、同じ歴史的状況から「義務教育」という理念も生まれました。発生的には義務教育というのは、「両親と雇用者によるこうした権力の濫用」(同書、三七七頁)から子どもを守るための装置だったのです。

ですから、日本国憲法でも「義務教育」を定めた第二六条のあとに、第二七条三項では「児童は、これを酷使してはならない」とあるのです。「義務教育」はつねに「児童労働の禁止」とワンセットになって存在する制度なのです。

フランスにおける親による児童虐待については、エリザベート・バダンテールの『母性という神話』(鈴木晶訳、ちくま学芸文庫、一九九八年)が詳述しています。

絶対王権の時代は「親が子どもを処罰する権利」を享受することによって家庭内が権力的に再編された時代でもありました。アンリ三世の告知(一五七九年)では「親が同意しない未成年者の結婚は誘拐とみなし、誘拐したものは死刑に処す」とされています。「父親の懲罰権」はフランス革命に至るまで強化され続けます。一六八四年の勅令では「親に反抗した者、怠け者、放縦な者、放縦になりそうな者は(……)、男子はビセートルに、女子はサルペトリエールに、拘禁される」と定めました。

一七六三年のルイ十五世の勅令は「家庭の名誉と平安を危険にさらす可能性のある行動に走った」若い男女に適用されたものです。「勅令はそうした子どもたちをデシラード島(西インド諸島)の陸軍や海軍の管轄地へ流刑にする権利を親たちにあたえた。流刑地へ送られた子どもたちは、厳重に監視され、ろくな食事もあたえられず、過酷な労働を強いられた。

服役期間が過ぎると、悔い改めたものはマリ＝ガラント島に土地をあたえられた。その後、親が希望すれば、フランスに連れ戻された」（同書、五六頁）。

ヨーロッパではご存じの通り、長い間、イエズス会が教育の担い手でした。十六世紀にイグナティウス・デ・ロヨラ、フランシスコ・ザビエルらが設立したこの修道会は以後二百五十年の間に六五〇の大学を建学し、無数の初等教育機関を運営し、ヨーロッパにおける学校教育を十九世紀まで支えてきました。そのイエズス会が教育において追求したのは何よりもまず「親の懲罰権」の制約でした。これは中世から続く、教会の親権介入の流れを汲《く》んだものです。教会は次のように主張してきたのです。

子どもは神が創ったものであるから、どんなことがあっても、よきキリスト教徒にしなければならない。両親は子どもを、自分たちの好きなように扱ってはならないし、殺してもいけない。神の贈り物にせよ、背負うべき十字架にせよ、両親は子どもを、自分の所有物のように酷使することはできない。（同書、五三頁）

これは子どもを甘やかす文化を持つ、私たち日本人にはいささか理解の届きにくい事態かもしれません。イエズス会士ルイス・フロイスは『ヨーロッパ文化と日本文化』で行った比較文化的考察の中で「親の懲罰権」に言及して、こう書いていますから。

われわれの間では普通鞭を打って息子を懲罰する。日本ではそういうことは滅多におこなわれない。ただ言葉によって譴責するだけである。

（岡田章雄訳注、岩波文庫、一九九一年、六四頁）

いずれにせよ、「義務教育」という理念はこのような「親による懲罰」と「親と雇用者による子どもの収奪」を公的機関が規制することを目的として生まれたものであるという教育史的事実をまず確認しておきたいと思います。学校の機能は何よりもまず「親から子どもを守ること」にあったのです。

残るものは何か

だいぶ話が横道にそれてしまいました。教育において「それなしでは教育が成り立たないもの」は何かという問いについて考えていたところでした。

ここまでの話でおわかりいただけたでしょうけれど、学校教育に親は要りません。少なくとも、「公教育」の理念を歴史的に理解するならば、そういうことになります。

こんなことを言うと、「ふざけたことを言うな」といきりたつ親御さんがいるかもしれません。現に、保護者と教員とが共同して子どもたちを支援する「PTA」という組織がありますからね。でも、これは十九世紀末のアメリカに発生した特異な組織で、アメリカ以外の国にはほとんど類似のものを見ることがありません。

そして、日本にPTAができたのはGHQの強い指導によるものです。GHQがPTAの創設を強く求めたのはなぜでしょう。論理的に考えれば、軍国主義教育を担った教師たちが引き続き教壇に立つ（そして今度は日教組の影響下にある）という状況の中で、「教師のイデオロギー的逸脱を父母が監視する」ということの有効性を重く見たからでしょう。私がGHQの人間だったら絶対そうしますもの。

このような保護者による教育支援（あるいは監視）組織はたぶん世界でもアメリカと日本だけにしかありません。「義務教育」というのは子どもを親の親権の及ぶ範囲から遠ざけるということが第一義であるという教育史的な「常識」は、日本とアメリカ以外の国々ではまだ通用しているのでしょう。

文科省も要らない、教育委員会も要らない、親も要らない。

むろん、地域社会も教育の必要条件ではありません。側面からの支援者としてなら有用な場合もあるでしょうが、産業革命期のイギリスの産業資本家のようなものであれば、いない方がはるかにましです。

メディアも要らない。

こう言うとメディアで教育専門の記事を書いている人たちはご不満でしょうが、学校がなくなって、教育評論家たちだけが残っている世界というのがありえない以上、メディアも要らない。

こうやって消去法で消してゆくと、最後に残るのは「教師と子ども」だけになります。これだけは消去することができません。教師のいない教育も、子どものいない教育も、どちらもありえない。それ以外のものはすべてなくても教育は成立します。

無人島に漂着した教師と子どもたちがいたとします。最初のうちはいっしょに椰子《やし》の葉で屋根を葺《ふ》いたり、魚を釣ったりしているでしょうが、ある程度、衣食のめどがついたら、当然ながら教師は「じゃあ、そろそろ勉強を始めようか」と言い出すはずです。これは絶対言います。言わないはずがない。歴史や文学や神話について、数学や天文学や美術や音楽について、教師は知る限りのことを子どもに伝えようとする。そして、子どもたちもまた食い入るようにその話に耳を傾ける。

どうしてでしょう。受験勉強に役立てるためでしょうか？　学歴をつけていい就職口をみつけるためでしょうか？　文化資本を身につけて格差社会の上位にポスティングされるためでしょうか？

どれも違います。だって、ここは無人島なんですから。

でも、教育をしたいという情熱と、教育を受けたいという欲望は、無人島であっても、おそらくは変わらない。むしろ、無人島だからこそ学ぶことを切望する子どももきっと出てくると思います。

それは教育の本質が「こことは違う場所、こことは違う時間の流れ、ここにいるのとは違う人たち」との回路を穿《うが》つことにあるからです。「外部」との通路を開くことだからです。

勉強しているときには、子どもたちも一瞬、無人島という有限の空間に閉じ込められていることを忘れて、広い世界に繋《つな》がっているような開放感を覚える。四方を壁で取り囲まれた密室の中に、どこからか新鮮な風が吹き込んできたような爽快感を覚える。そういうことがきっとあるはずです。

「今ここにあるもの」とは違うものに繋がること。それが教育というもののいちばん重要な機能なのです。

さきほど例に挙げたイギリスの児童労働の場合を考えてください。もし、過酷な労働に苦しんでいた子どもたちを救済して、学校に通わせることができるようになったとします。さて、彼らは何を学ぶことを願うでしょうか。機械工学や金融を学んで、自分たちも紡績業やマッチ製造業の経営者になって、今度は他の子どもたちを収奪酷使する立場になって「見返してやろう」と思うでしょうか？　私は違うと思います。彼らはむしろ歴史や外国文学の方に惹きつけられるんじゃないかと思います。自分たちが知っているような人間たち、自分たちが呼吸してきた社会の空気、自分たちの上に大気圧のようにのしかかっていた価値観、そういうものにはもううんざりしているので、できることならそれとは「別の人間、別の社会、別の価値観」に触れたい、というのがつらい目に遭ってきた子どもたちのいちばん自然な願いではないでしょうか。

教育の中心はこの「教えるものと学ぶもの」の出会いにあります。

そこにおいてその両者のどちらにも属さないものが立ち現れるからです。教師にも子どもにも属さないもの。それを「外部」と言ってもいいし、「他者」と言ってもいいし、「第三者」と言ってもいい。

教師以外のどのようなステイクホルダーも、子どもとの対面状況において、そのような「第三者」を呼び出すことができません。教師と子どもの対面状況においてのみ、「第三者」が立ち現れる。そこだけが「こことは違う場所、こことは違う時間の流れ」に繋がる回路が開く奇跡的なスポットなのです。教師がそれ以外の教育のステイクホルダーとまったく機能を異にするのは、まさしくこの役割ゆえなのです。

教育を取り巻くすべてのもの、それは「ここ」に属するものです。文科省も教育委員会も親も地域社会もメディアもマーケットも、すべては「ここ」を支配している同一の価値観に領されています。

例えば、今の日本だったら、「大きな権力、高い威信、豊かな財貨、多くの情報や文化資本を獲得して、社会の序列の上位に格付けされること」を目的とする苛烈《かれつ》な競争に勝ち抜くことをすべてが子どもたちに要求しています。親に教育を全面的に委ねたら、おそらく「勝てる」子どもをつくろうとするでしょう。メディアに委ねても文科省に委ねても財界に委ねても（委ねようにも、むこうは受け取りを拒否するでしょうが）、やはり「ここ」の価値観にジャストフィットした子どもをつくり上げようとするでしょう。

教育の場だけが、教師と子どもが顔と顔を向き合わせている場面だけが、「ここ」の支配を免《まぬか》れた「逃《のが》れの街」たりうると私は思います。

第3講　キャンパスとメンター

ユビキタスは「教育」ではなく、「通販」

福岡にソフトバンクの出資でサイバー大学という株式会社立の大学ができました。この大学の行方を興味をもって観察しています。正直に言って、私はこの大学はあまり長く保《も》たないだろうと思っています。この大学は二〇〇七年四月開学です。サイバー大は、パソコンを使ってネット上の講義を受講でき、一般の通信制大学のような「スクーリング」がありません。「一度も通学せずに大卒資格が取得できる」ことを大学側はつよくアピールしています。これからこの大学の推移を観測してゆけば、高等教育にビジネスモデルを持ち込むことのリスクを実証する好個の例になるのではないかと思っています。

「ユビキタス」という言葉をみなさんはどこかで聞いたことがあると思います。「ユビキタス」(ubiquitous) というのは「遍在する、いつでもどこにでも姿を現す」という意味の言葉です。「ユビキタス教育」というのは、インターネットを使って、世界中、どこでも二十四時間、三百六十五日、好きなときに、好きな仕方で教育機関にアクセスできるというシステムのことです。ネット上に置いてある教育的リソースをオン・デマンドで取り寄せて、自宅で好きなときに、好きなように勉強することができる。そう聞くとずいぶん合理的な教育方法のように思われます。

ネットを教育活動の場にすれば、まずキャンパスが要りません。サーバーが何台かあれば済む。特定の場所に教職員や学生を集める必要がない。だから、学生も学校があるところから何千キロも離れていても海外にいても大丈夫。録画した講義なら繰り返し見ることもできる。課題にはメールで返信する。コンピュータが採点して、答案が戻ってくる。

ユビキタス教育論を語る人はこれを「時空超越」と称しています。時間的な制約も空間的な制約もなく、好きなときに好きなところから教育機関にアクセスできる「夢の教育」、それがユビキタス教育だ、と。

でも、私の考えはまるで違います。ユビキタス教育は教育の一部分を肩代わりすることはできますが、本質的なところはカバーすることができない。私はそう思います。

それは、「商品交換の法則」に準じて制度設計されている点です。たぶん、モデルとしては「通販」を流用したのでしょう。

通販の場合は、カタログを見て、商品を選び、クレジットカードでお金を払うと、商品が送られてきます。ネット大学も同じです。カタログを見て、「商品」を選び、対価として一定時間の課業を行う。課業という「労働価値」の報酬として、合格点をクリアーすると単位がもらえる。これはそのまま商品交換のアナロジーですね。

課業として支払われた労働価値に対して、商品が「単位」というかたちで交付される。単位を揃えたら学位記が発行される。これはどう見ても、通信販売による商品購入行動以外のなにものでもありません。ビジネスマンであれば、これこそ教育の理想形だと小躍《こおど》りするでしょう。

でも、残念ながら、これは教育ではありません。「お買い物」です。「学ぶ」というのは「お買い物をする」こととは違います。外形的には似て見えるところもありますが、本質的にはまったく別物です。

「学び」は「買い物」ではありません

「買い物」的勉強はまず「カタログ」を眺めるところから始まります。大学の場合ですと「シラバス」を読む。シラバスというのは学習便覧の詳細なものです。むかしは電話帳のようなものを学生ひとりひとりに配っていましたが、今はそんなことしません。すべてネット上に置いてあるので、学生たちはそれを見に行く。

シラバスにはその科目の教育目的、教育方法、教育効果などが書いてあります。商品の仕様書や効能書きといっしょです。これを勉強すると「こういういいこと」がありますということが公示してある。そればかりか、何月何日にはどういうことを教えるか、どういう教材を使うか、場合によっては何頁から何頁までやるか、まで明記してあります。

アメリカではこれを一種の「売買契約」と見なすようです。契約ですから、契約通りに授業が行われなければ、学生の側には「契約違反」を咎《とが》める権利がある。「シラバスにはこれこれのことを教えると書いてあったが、教わっていない」という申し立てが通ることもある。その場合には、教師が補講をしたり、授業料を返還したりする。通販のクレーム処理といっしょです。

いかにも合理的に見えますけれど、それは学びを商品購入のようなものだと考える限りの合理性です。そして、学びは商品購入ではありません。

通販の根本的な難点とは何でしょう。ご存じですか？

それは、「カタログにない品物は買えない」ということです。

当たり前だと言われそうですけれど、この事実こそ「学び」と「通販」の決定的な違いなのです。

うち程度の規模の大学でも、二千八百のクラスが開講されています。同一科目で複数クラス開講のものがありますから、科目数はそんなにはありませんが、たぶん千くらいの科目が開講されている。

入学したばかりの新入生には何が何だかわかりません。おそらく開講科目のほとんどは、名前さえ知らなかったものでしょう。もちろん、その教科が何のためにあるのかもわからない。

だから学生に「この中から自由に選んでくださいね」というのはほんとうは無理なんです。知らないんですから。十八歳の学生が見て、科目の内容が想像がつくのは、たぶん一〇パーセント程度で、あとの九〇パーセントは、科目名の日本語の意味はわかるけれど、中身は想像がつかない。では、どうやって彼女たちは科目を選択しているのか。

それは「隣の人」に訊くのです。「ねえ、この科目は取った方がいいかな?」って。

キャンパスに到来するもの

比喩的な言い方をすれば、履修《りしゅう》科目の選択についてのアドバイスを「隣の人」に訊くところから、大学生活は始まります。だから、大学にはキャンパスという「限定された空間」が必要なのです。

限定された空間の中に多数のひとびとが行き来していないと、とりあえず高等教育は成り立ちません。同じ空間内に、自分と同じような年齢で、近接した知的関心をもった数百人、数千人が同時に存在するという条件があるおかげで、どうしていいかわからないときに、どうしていいかの目鼻がつくのです。

言いたいことがわかりますか？

具体的に考えてみてください。あなたが新入生で、さてこれからどんな科目を履修したらいいかわからないときには、あなたはどうしますか。たいていは、近くにいてやはりシラバスをぱらぱらめくっている同じ学科の同じ専攻の新入生に訊いてみますね。「あなたどうするの？」って。

もちろん、そのときにだって、行き当たりばったりに相手を決めているわけじゃありません。一応あたりを見回して、そういう質問に気持ちよく答えてくれそうで、なかなか思慮深く、判断が信用できそうで、できれば将来的に同じ科目を履修したとき、宿題を手伝ってくれたり、試験勉強をいっしょにしてくれたりしそうな相手を探す。当然ですね。

それだけの条件をかけて、会ったばかりの人々の様子をスクリーニングして、「これだ！」

というめざす相手を見つける。

けっこう大仕事ですけれど、実はこのときにすでに「学び」は起動しているのです。「学び」というのは、教室で授業を聴くだけのことを言うわけではありません。どういう授業を、どんな仲間と、どんなふうに聴くことで、限られた大学生活の時間を愉快にかつ有意義に過ごすことができるか、それを探り当てるのもすでに重要な（しばしば授業そのものより重要な）知的技術なのです。

さきほど「どうしていいかわからないときに、どうすべきかの目鼻をつける」というわかりにくい言い方をしましたけれど、こういうことは私たちの日常においてはしばしば起こることです。しばしばどころか、私たちの人生で決定的に重要な場面というのは（プロポーズされるとか、親の死に目に遭うとか、いきなりハイジャックに出会うとか）、すべて「こういう場面ではどういうふうにふるまうのが適切であるのかについてガイドラインもマニュアルもない局面で、なお適切にふるまうこと」を私たちに要求します。

「どうしていいかわからないとき」に適切にふるまうことができるかどうか、それがその人の本源的な力がいちばんはっきり現れる瞬間です。生き死ににかかわる局面というのはすべて「そういうもの」です。

とにかく履修登録のときに、そういう相談できそうな友だちを見つけました。次に何をしますか。ふつうはいっしょにキャンパス内を探検しますね。学食はどこかとか、教科書販売はどこでやってるのかとか、クラブの部室はどのあたりに固まってるのか、とか。探検をしていると、いろいろな場所に出くわします。なんとなくミステリアスな空間、知的にアクティヴな匂《にお》いがする空間、メンバーズ・オンリー的に閉じられている空間、新入生でも入り込めそうな開放感のある空間……そういう違いは新入生でもわかります。

大学に入ったばかりで、知的好奇心にあふれている状態で、アンテナの感度を最大に上げてキャンパスをふらふら歩いていると、必ず何かに「ヒット」します。それは「カタログに載っている情報」ではありません。そこにあって何かを発信していて、それこそが大学の知的活動の「現場」なのですけれど、そういうものは「カタログ」には載っていません。感度のいいアンテナはそれをキャッチします。

この何かが「来た」という感覚がとてもたいせつです。たまたまある研究室の前を通ったら、研究室にいる人たちの様子がちょっとふつうではない（実験器具を使ってお好み焼きなんか焼いている、とか）。気になってじっと見ていたら、「ちょっとお入んなさい」と言われて、そのままずるずる研究室の人になってしまった、というようなことはよくあります。

理想のキャンパス空間

学園漫画にはその機微《きび》がうまく描かれています。最近読んだ学園漫画でよく描けてるな、と感心したのは、『ハチミツとクローバー』と『もやしもん』です。『ハチミツとクローバー』は武蔵野美大か多摩美大か、東京の美大の話のようです。『もやしもん』のほうは東京農大がモデルらしい。どちらも入ったばかりの新入生たちが、いきなり奇人たちが跳梁跋扈《ちょうりょうばっこ》するミステリアスな空間に巻き込まれて、思いがけない冒険的な学生生活を送るようになる……というお話です。

主人公たちには共通する特徴があります。それは自分がこの大学で四年間何を勉強するのか、についてぜんぜんはっきりした予定を立てていないで来てしまったということです。こういう知識や技術を身につけて、こういう資格を取って、こういう職業に就く、といった「スケジュール」がぜんぜんない。ぼんやりと、ただアンテナの受信感度だけは最大にしてキャンパスを遊弋《ゆうよく》していた主人公たちが、マッド・サイエンティストの教師や個性激しい先輩たちが熱中している「もう始まっているゲーム」に気がついたらプレイヤーとして参加させられている。どちらも、そういう物語の始まり方です。

「ルールを教えてもらっていないゲームのプレイヤー」としてどたどたと走り回っているう

ちに、しだいにそのゲームのルールが何か、いったいそれが何を実現しようとしているゲームなのか、その中で自分が果たすべき役割は何であるのか、ひいては私はいったい何ものであるのかを少しずつ見いだしてゆく。『ハチミツとクローバー』も『もやしもん』も、どちらもそういう話です。これを描いている漫画家さんたちは、「学び」というダイナミックなプロセスの本質をよく見抜いているなあと感心しました。

これらの漫画を読んでいるのは、たぶん中学生、高校生、大学生でしょう。ということは、かれらが夢に見ている理想的な大学生活というのは、おそらく「そういうもの」なのだということです。

彼らが大学に求めているのは「巻き込まれる」ことなんです。そのことが少年少女たちにも無意識的にはわかっている。彼らが大学に期待しているのは、カタログを見て買い物をするように、シラバスを読んで、「学ぶ」前からすでにその意味や有用性が知られているような「教育商品」を一二四単位分集めて学士号を手に入れることではないんです。

もし、ユビキタス教育論者たちが主張するように、ネット上で高等教育が受けられるような大学こそが「夢の大学」であるというのがほんとうなら、一日中、コンピュータに向かってキーボードを叩き続け、「時空超越」して有用な知識や技術を身につけられ、おかげでたいへんハッピーな人生を送っています……という主人公が出てくる漫画があってもいいはずです。でも、そんな漫画、私は見たことがありません。そんな漫画がぜひ読みたいという中学生や高校生もたぶん一人もいないのではないかと思います。

ネット上の大学なんかこれまで存在しなかったんだから、それを舞台にした漫画なんかできるはずがないという人がいるかもしれませんけれど、それは違うでしょう。漫画は「絵空事《えそらごと》」なんですから。その時代の子どもたちの夢をもっとも忠実に、制約抜きで描き出すのが漫画でしょう？　違いますか？

私が子どものころ、『少年画報』には小松崎茂先生の「未来図」がよく出ていました。銀色のコスチュームに身を包んだ子どもたちが、ジェットカーに乗って、空を飛んで学校に行くんです。学校に駐機場がある。そこに遠くから子どもたちが集まってくる。一九五〇年代に描かれた「絵空事」の未来の中でも、学校は子どもたちの活動の中心でした。家でテレビ画面で授業を見ていれば学校に行かなくてもよくなるということは少なくとも就学前の私にとっては少しも「夢のような話」ではありませんでした。

私は今でも、「学校に行きたい」というメンタリティの根本にあるものはそれほど変わっていないと思います。

『ハチミツとクローバー』の学校も『もやしもん』の学校も、キャンパスはカオス的空間です。学生たちは二十四時間キャンパス内を縦横に動き回ります。もちろん入り込むことのできない禁域も存在しますけれど、それは管理上「立ち入り禁止」になっているわけではありません。そうではなくて、その空間に入り込むためにはある種の「通過儀礼」を経なければならない。教師なり、先輩なりから「メンバー」として認知されなければならない。キャンパスは全体としては開放的でありながら、「メンバー」にしかドアの開かない閉じられた禁域が点在している。そのように構造化された場所が理想のキャンパスとして漫画には描かれています。

これはおそらく今ではもう失われた一九七〇年代までの大学キャンパスの残像なんでしょう。今はもう見ることのできなくなった、そういう大学キャンパスがある種の理想郷として、哀惜《あいせき》の思いとともに描かれています。

私は高等教育のあるべき場についてのこれらの漫画が提示しているイメージは、きわめて健全だと思います。これから大学に入ろうとしている子どもたち、あるいは現に大学にいる学生たちにとって、理想的なキャンパスのイメージは、ここに描かれている「旧制高校」的寮生活に近いものだろうと思います。

起居《ききょ》をともにする。こたつに入って、一つ鍋をつつく。泥酔するまで酒を飲む。悪酔いした友を背中に背負って家に帰る。春は花見、秋は月見、冬は雪見で、年がら年中、酒盛りばかりしている。そういうほとんど時代錯誤的な学生群像が非常にいきいきと描かれている漫画が何百万部も売れて、映画化されている。だったら、大学人も少しは漫画でも読んで、「なるほど、こういう大学が子どもたちにとっての夢のキャンパスなのか……」と気づけばいいのに。そんなことを考えた人は、株式会社立の大学を設計した人の中にはおそらく一人もいなかったのでしょう。

ブレークスルーとは何か

この二つのキャンパス漫画は、主人公が「すでにはじまっているゲームに巻き込まれる」という「学び」のダイナミズムをみごとに描き出しています。ここが教育のいちばんの勘どころです。

みなさんにしても、数値目標や外形的目標を決めて、それを粛々《しゅくしゅく》と達成するために大学に来たわけではないはずです。そうですよね。「何をしに入ったのかよくわからない」という「タブラ・ラサ」、無垢《むく》な状態で、ただアンテナの感度だけが最大値になっている。そして、自分を惹きつける何か知的な求心力に反応しようとして大学に入学してきたはずです。そして学生たちはそのときに自分の上に強い指南力を発揮する人を探します。そしてたいていの場合、出会います。それが「メンター」（mentor、先達）です。それは先輩でもいいし、教師でもいい。私たちをゲームに巻き込む人、それがメンターです。

学ぼうとするものは彼だけの「メンター」を持たなければならない。メンターを持たないもの、「独学者」はこのゲームには参加することができません。

『マトリックス』の中でネオ（キアヌ・リーブス）が睡眠学習でカンフーとかハイジャンプを習得するという場面があったのを覚えていますか。寝ている間に知識や技術が身についてしまうんだから、気楽なもんだという冷笑的な見方もあるでしょうが、私が面白いと思ったのは、この睡眠学習ソフトにはどれも教師（ローレンス・フィッシュバーン扮《ふん》するモーフィアス）が登場してくることです。

ビルからビルにジャンプする技術を習得するとき、ジャンプの成功を阻《はば》むのはネオの心の中に兆《きざ》す「恐怖心」です。これを克服しないと跳べない。モーフィアスは軽々と跳んでみせて、「さあ、自分の力を信じて、跳べ」とネオを励ます。ネオは最初の試技で墜ちたせいで、これが苦手科目になるのですけれど、やがて恐怖心を克服して跳べるようになる。

おもしろいと思いませんか？　自学自習の睡眠学習ソフトであるにもかかわらず、ネオがその知性と技量に信頼を寄せている「生身の人間」がヴァーチャルな空間の中でも教師としてふるまわないと、自学自習プロセスそのものが発動しないのです。生徒を励まし、失敗を咎め、その上達に満足げな笑みで応じるメンターとの対面状況がないと、どんな知識も技術も身につかない。

学ぶものに「ブレークスルー」(breakthrough) をもたらすのがメンターの役割です。「ブレークスルー」というのは、教育的な意味においては、「自分の限界を超えること」です。

「自分の限界を超える」。言葉は簡単ですけれど、それほど生やさしいものではありません。というのは「これがオレの限界だ」と言ってすらすらと記述できるようなものは「自分の限界」とは言われないからです。それはただの「欠陥」や「不調」にすぎません。欠陥が改善されたり、不調が修復されたりすることはブレークスルーとは言いません。だって、改善されたり、修復されたりしうるというのは、「改善後」「修復後」のデザインがあらかじめ頭の中でできているからですね。「改善前」に頭の中で考想しうるようなものは「限界」とは言いません。

ブレークスルーという言葉から、みなさんはつい、「枠組み」に捕えられていた人が、その壁を打ち破って、外に飛び出す……という図像を思い描いてしまうんじゃないかと思います。でも、それはブレークスルーではないんです。残念ながら。

というのは、「脱獄」のメタファーで考えたら、「枠組みに捕えられていた人」と「破って出た人」は結局、同一人物だということになるからです。多少手足の自由は増し、可動域も広くなったにしても、「ああ、ようやく自由になった」と言っている「私」が「檻《おり》の中」にいたときの「私」と同じ目線、同じ価値観、同じ言葉づかいでいる限り、それはブレークスルーとは言われない。

ブレークスルーというのは、喩えて言えば、日本地図だけしか持っていなくて、その地図上の自分の街の場所しか知らなかった人が、突然、東アジアの地図を差し出されて、「君の街はここだよ」と指し示されたような気分のものです。

突然、あたりが開けたような感じがする。自分がどこにいて、どういう役割を果たしているのか、果たすべきなのか、それがそれまでとは違う、もっと広大な文脈の中で位置づけられる経験。それがブレークスルーです。それは脱獄して、自由になったという感覚とは別のものです。脱獄者は壁を破っても同じ地面の上を、同じ眼の高さで走り続けていますけれど、ブレークスルーというのは、自分自身を見つめる「視点」が急激に高度を上げることです。自分自身を「それまでより広い地図の中で」、つまり「それまでより高い鳥瞰《ちょうかん》的視座から」見返す経験のことです。

そのとき、自分をこれまでとは違う倍率でみつめている想像上の「鳥瞰的視座」のことを「メンター」と呼ぶのです。

ですから、それは厳密に言えば「ひと」ではありません。「私を高みから見ている機能」なのです。

ここまでの話で私が何を言おうとしているのか、もうみなさんにはだいたいおわかりになっただろうと思います。「学び」というのは自分には理解できない「高み」にいる人に呼び寄せられて、その人がしている「ゲーム」に巻き込まれるというかたちで進行します。この「巻き込まれ」(involvement)が成就するためには、自分の手持ちの価値判断の「ものさし」ではその価値を考量できないものがあるということを認めなければいけません。自分の「ものさし」を後生大事に抱え込んでいる限り、自分の限界を超えることはできない。知識は増えるかもしれないし、技術も身につくかもしれない、資格も取れるかもしれない。けれども、自分のいじましい「枠組み」の中にそういうものをいくら詰め込んでも、鳥瞰的視座に「テイクオフ」(take-off、離陸)することはできません。それは「領地」を水平方向に拡大しているだけです。

「学び」とは「離陸すること」です。

それまで自分を「私はこんな人間だ。こんなことができて、こんなことができない」というふうに規定していた「決めつけ」の枠組みを上方に離脱することです。自分を超えた視座から自分を見下ろし、自分について語ることです。自分自身の無知や無能を言い表す、それまで知らなかった言語を習得することです。

ユビキタス大学構想は「商品取引の原則」で「学び」をとらえている、と私は先に申し上げました。カタログを見ながら、ひとり黙ってキーボードを叩いて、自分の好きな時間に、自分の好きな場所で、自分が興味をもてる教科を、誰にも介入されず、誰とも相談せずに、一〇〇パーセントの自己管理の下で勉強することのできる「自由」こそ人間は求めているのだ、とユビキタス大学論者は信じているようです。人間は自分が好きで好きでしかたがなくて、永遠に今の自分のままでいたくて、そんな「大好きな自分」を外形的にさらに飾り立ててくれるはずのもの、自分の「ものさし」でその価値が考量できるもの（知識、技術、資格、身分、年収、社会的威信その他もろもろ）をひたすら希求している、というのがユビキタス大学構想の基礎にある人間理解です。

もちろん、そういうシニックな人間理解を私はあながち退けるものではありません。「そういう人」ってたしかにいますから。けれども、残念ながら「そういう人」は「学び」とはついに無縁だろうということは申し上げておかなければなりません。

第4講

「学位工場」とアクレディテーション

教育の自殺

「教育サービス」というのは、私の知る限りでは、かなり近年になって私たちの語彙《ごい》に入ってきた言葉です。これは教育をビジネスモデルで考えている人間が言い出したことだと思います。

教育活動のコンテンツは「教育商品」であり、教師はその商品のサプライヤーであり、保護者や生徒は顧客である、と。そういうモデルで教育を語る人間がおります。でも、私はこれは絶対に教育者が口にしてはならない言葉だと思っています。

教育を「商品取り引き」に類比して語るのは教育の自殺です。

世の中には「教育は金になる」というふうに考えて、ビジネスモデルで教育を考えている人もいます。それがどれくらいに異常なことか、それは一〇〇パーセントビジネスモデルで構築されている教育機関を見るとわかります。

それは「デグリー・ミル」(degree mill)、「ディプロマ・ミル」(diploma mill)です。「学位工場」とも呼ばれます。アメリカで発生したものです。どんなものかと言いますと、アメリカの教育団体が指標を示しています。

学位が金で買える

連邦や州の設置認可を受けていない

学生の出席要件がない。あっても少ない

学位取得までの期間が短い

経歴や履歴書の提出だけで学位が出る

キャンパスの所在地が示されていない(私書箱しかない)

教員の名前や肩書きが公表されていない

有名大学と似た名前をつけている

などなど。

ウィキペディアを見ると、三〇〇校ほど「学位工場」のリストが並んでいます。

これらの「大学」はキャンパスがあるわけではない。建学の理念も、教育方法も、固有の教育課程もない。単なるプログラムです。それが、メールのやりとりや、論文を受け付けて学位を出す。修士号も博士号も出す。

これはもうまるごと通販モデルですね。通販と同じで、商品と対価が等価交換されていて、双方納得ずくでしているわけですから、商取引としては何の問題もないように見える。でも、問題はあります。

一つは、売り手と買い手の間に合意さえあれば、そこで取り引きされる「商品」がどれほどジャンクであっても、余人の容喙《ようかい》する余地がないということ。そうですね。極端な話、誰かが代筆した論文であっても、わからない。大学の方は、フォーマット通りのものが出てくれば、自動的に学位を発行する。出す方の論文もジャンクなら、発行される学位もジャンクである。ジャンクな論文とジャンクな学位が交換されるわけですから、誰も損をしていない。フェアな等価交換だということになりますね。

たしかに「閉じられたシステム」内部ではフェアなのです。「ままごと」をしている子どもが葉っぱのお金と泥団子のお菓子を交換するようなものですから、当事者が納得ずくのゲームであれば、誰も迷惑しない。でも、実際にはこのゲームには「外部」がある。

単位とか学位というのは等価交換の当事者たちのいるところとは別の場所でも、「そのもの」として通用してしまう。葉っぱや泥団子は、「ままごと」以外の場では誰も受け取ってくれませんが、単位や学位はそうではありません。これは乾電池やカセットテープと同じような「国際規格」だからです。

ご存じない方も多いことでしょうが、大学卒業のための必須単位（日本の場合は一二四単位以上）というときの「単位」は、国際規格では四十五時間の「ワーク」のことです。

ある教科について、四十五時間勉強して、内容を理解できていれば一単位が授与される。四十五時間というのは少し前までの平均的な工場労働者の一週間の労働時間です。一日八時間が五日で四十時間、土曜日半ドンで五時間、足して四十五時間。学生の場合は教室での課業一時間に対して、家でその倍の二時間の予習復習をする「はず」なので、教室で十五時間授業を聴くと一単位が認定されます。

実際には、どの大学も、九十分授業十五週で二単位を出していますし、今どきの学生は教室で勉強している時間の二倍の自宅学習なんかしてませんから、実質的には「十時間で一単位」くらいの超インフレです。しかし、それでも「単位」という概念が数値的な基礎の上に算定されているという建前は死守されている。

乾電池だって、寿命の長いのも短いのも品質はさまざまですが、一応サイズはどれも同じで、単三の乾電池が二個で動く機器なら、世界中どこのメーカーの乾電池を入れても動きます。学位や単位にもその程度の「国際共通性」が要求されるのは当然でしょう。

しかし、学位工場で売り買いされているジャンクな学位は、この最低限の国際共通性を満たしていません。それを公募書類の履歴書に書いたり、著書のプロフィールに書いたり、ホームページで公表したりして、事情を知らない人たちが「わあ、この人博士号持ってるんだ」と勘違いしてくれることを期待している。これは小狡《こずる》いですね。「俺たちはままごとをやっているんだから、いいじゃないか」と言い訳をしておいて、「泥団子」を「団子」と間違えて買ってゆく人がいることを実際には期待している。

そもそも、ビジネスでは、何がどれだけいくらで売れたかということは緊急性の高い情報ですが、誰が買ったのかということは、副次的なことにすぎません。お金さえ払ってくれるなら、買い手は誰でも構わない、というのが商売の基本です。ＩＤ出さないと商品を売らないというようなことをすると、とたんにモノは売れなくなります（タスポがいい例です）。

ところが教育というのは属人的なものです。ひとりの人が学校に通って手間暇をかけて身につけた知識や技術や識見は、その人のものであり、とりあえずその人ひとりしか使えません。自動車やパソコンのように、「この知識、もう要らなくなったから君にあげる」ということはできません。教育で得たものは頭の中にあり、自由に出し入れすることはできません。ですから、誰が教育を受けたのかということは、何を教育されたのかと同じだけ重要な情報になります。

ところが、私たちが知っている商品取引のマーケットでは、「誰がその商品を買ったのかが何を買ったのかと同じだけ重要であるような商品」というものは存在しません（あるとしたら致死性のウィルスとか、核ミサイルとかくらいです）。

商取引のマーケットでは、「誰が」買ったかということには「何を」に比べてほとんど重要性がありません。けれども、教育においては「誰が」受けたかは場合によっては「何を」受けたかよりも重要です。そして、ほとんどの（たぶんすべての）ビジネスマンは、自分たちがそんなに面倒な商品を扱うことになるとは考えもしないで「教育産業」に参入しています。

「学位工場」をめぐるトラブルは、「教育にビジネスモデルを適用することによって生じるカタストロフ」のおそらくもっとも劇的な例です。今回は少し詳しくその消息についてお話をしてみることにします。

教育のグローバル化

アメリカは学校をつくるときにあまりうるさい設置基準を課しません。企業活動でもそうですけれど、「やりたい人はどんどん始めなさい」という、個人の発意をたいせつにする。これはアメリカの美風と言ってよいと思います。

日本でも一九九一年と二〇〇三年に大学設置基準が大きく緩和されました。これはまあアメリカのスタイルをとり入れたものと言ってよいでしょう。大学の設置条件を事細かくチェックするのを止めて、とりあえず新設の条件を緩和して、ハードルを下げて、いろいろなタイプの人が大学経営に参入できるように市場を自由化したのです。

もし、新設された大学がニーズを見損なえば、マーケットによって自然淘汰《とうた》されるはずである。だから、大学の良否は文科省ではなく、マーケットにお任せしてはどうか、と。「事前チェックから、事後評価へ」。これがこの二十年ほどの教育行政の基本方針です。「教育への市場原理の導入」です。

たしかに、それまでの大学設置基準はきわめて煩瑣《はんさ》なものでした。校地面積はこれだけなければいけない、定員に対して教室は何平米なければならない、専任教員は何人、図書は何冊……と偏執的に細かい規定がありました。それが緩和された。特に二〇〇三年の規制緩和では校地面積が縮小され、校舎の段階的整備も許され、運動場も要らなくなった……というふうに参入条件は一気に緩和されました。

それまで日本の大学は、企業と同じように「護送船団方式」でした。文科省が旗艦《きかん》となって、その後を全国一〇〇〇あまりの大学が粛々と航行してゆく。上意下達で小うるさい決まりがあり、勝手な行動は許されない代わりに、一隻たりとも脱落させない。パターナリズムですね。
それが「よくない」ということになった。集団でずるずる行動するせいで、創意工夫が育たない。イノベーションが始まらない。既得権益の上にあぐらをかいた「事大主義」「官僚主義」がはびこる。これが日本の後進性の原因である、と。そういうふうにアメリカから、あるいはアメリカの社会システムを評価する人たちから指摘された。日本社会は変わらなければならない、と。

ご指摘はたしかにもっともです。でも、これはたぶん八〇年代の中曾根内閣の時代からの趨勢《すうせい》だと思いますけれど、「アメリカがそう変えろというから変えよう」とか「グローバル・スタンダードに合わせないと、世間に顔向けできないから、そうしましょう」というのは、それこそ典型的な「ムラ的発想」であることに当事者は気づかなかった。日本国内だけで固まっていた「船団」を、アメリカを旗艦とする「船団」に再編することにした。「親方日の丸」が「親方星条旗」に代わっただけです。おおもとのメンタリティは少しも変わっていない。

とにかく、それまでは「お上の言うとおり」「隣のやるとおり」というルールで企業も学校も経営されてきたわけですけれど、今度はそれが「アメリカの言うとおり」という、グローバル・ルールで経営されることになった。日本人は「日本人的でなくなる」ときの仕方も

「日本人的」なのだということがわかりますね。

しかし、この機会に言わせていただきますけれど、ほんとうにアメリカの教育システムを日本に導入する気だったら、まっさきにやるべきことは「文科省解体」でしょう。だって、アメリカには文科省などという教育を中枢的にコントロールする行政機関なんか存在しないんですから。

ご存じの通り、アメリカでは就学年齢・高校卒業資格などが州によって異なります（義務教育が五歳から始まる州もあれば、七歳からの州もあります。十六歳までの州もあれば、十八歳までの州もあります）。もちろん州ごとに年間授業時間もカリキュラムの内容も違う。進化論を教えることを禁じた「反進化論法」を持っていた州もいくつもある。

アメリカみたいに大学も十月から新学期にしろとか、FD（Faculty Development、教員資質開発）をしろとか、アクレディテーション（これについてはのちほど説明します）をやれとか、ディテールについては、アメリカの真似をうるさく言いつけるくせに、アメリカの教育制度の最良の部分、つまり「中枢的に統御しないで、五〇種類の教育制度を並存させる」というところだけは絶対に取り入れようとしない。

ともかく、そんなふうにして、「教育機関の良否はマーケットが決定する」という市場原理主義が「グローバリズム」の流れに乗じて日本の教育にも入り込んできました。

大学設置基準緩和について言えば、新規事業者の参入障壁をなくすという発想そのものは正しいと思います。新しいタイプの教育理念と教育方法をもった大学が日本に登場することはもちろんたいへん喜ばしいことですけれど、もちろんいいことばかりではありません。

規制緩和によって、大学を新設する条件がそれまでに比べてずいぶん簡単になりました。もう広大なキャンパスは要りません。都心のビルを借りて、「ここが大学です」と言えば、もう開学できる。その大学が十分な志願者を集め、在校生が教育内容に満足していれば、ビジネスとしては成功したわけで、それは「マーケットに選択された」ということを意味します。「マーケットに選択された大学」は生き延びてよろしい。逆に、どれほどきちんとした設備があり、教員が揃い、すぐれたカリキュラムを用意していても、「マーケットが選択しなかった大学」は退場しなければならない。そういうフェアな生き残りバトルが始まる、と宣言されました。

実際に、一九九二年の二〇五万人をピークとして、十八歳人口は二十年間で四〇パーセント減になりました。ところがその間に、この設置基準の緩和によってわらわらと大学が新設され、九二年に五二三校あった四年制大学が二〇〇八年には七六五校へと、四六パーセント増加したのです。

パイが半分近く縮んでいるときに、パイを取り合うプレイヤーの数が二倍近く増えたわけです。これがどれほどタイトな生存競争を意味するか、数字だけでもおわかりになりますね。でも、これが国策だったわけです。子どもはどんどん減る。その一方で大学はどんどん増やす。そして、完全に大学が供給過剰になったところで、「こんなにたくさん大学要らないので、用の済んだところから潰《つぶ》れてください」ということになった。ひどい話だと思いませんか。

十八歳人口なんか十八年前からわかっているわけですから、本来であれば、少子化傾向に合わせた「大学のダウンサイジング」こそを文科省が長期計画で行政指導すべきだったと私は思うのですが、そういうことは何もしなかった。代わりに「マーケットに選択されなかった大学が潰れるのはしかたがない（それは教育行政の責任ではありません）」という言い分で、後の始末を市場原理に任せてしまった。

文科省の苦境もわからないではありません。大学に対して「定員を削って、競争を緩和して、共存共栄を図ってほしい」と言おうにも、十八歳人口が減っても相変わらず学生が集まってくる有力大学にとっては今こそ市場寡占《かせん》の千載一遇《せんさいいちぐう》のビジネスチャンスなわけですから、定員削減なんかに応じるわけはありません。「体力のないところから潰れるしかないんじゃないですか」とクールに答える。マーケットに任せましょうよ。マーケットによって淘汰された大学は「存在する必要のない大学」だったんですから。

こんなふうにして、教育行政は教育にビジネスのルールを持ち込むことを国策として容認（どころか推進）してきたわけです。

でも、何度も申し上げますが、教育はビジネスではありません。

ビジネスの場合、「マーケットは間違えない」というのはプレイヤー全員がゲームに参加するときに承諾したルールですけれど、教育は別にそんなルールで始めたことではありません。学校という制度は資本主義市場よりも古くから存在するわけですから、「そんなの知るかよ」というのが教育関係者の言い分であるべきだと私は思います。

いや、「マーケットは間違えない」というのが学校の場合にも妥当するなら、それでいいわけです。でも、実際には「マーケットは間違える」のです。

「ホワイト・リスト」

マーケットが選択するのが「よい大学」であり、選択されないのが「悪い大学」であるという市場淘汰に任せれば、当然のことながら、明らかに大学の体をなしていないけれど、「一部の消費者のニーズは満たす」大学がビジネス的に成功するということが起こります。そうですね。市場原理に教育を任せた結果、現に「学位工場」が登場してきている。大いに繁昌している。
市場原理主義の立場から言えば、学位工場の存在を否定することはできません。現にマーケットに選択されているからです。「市場のニーズに応える教育機関があって何か問題でも？」という学位工場側のロジックにビジネスマンは反論できません。だって、マーケットは間違えないんですから。

学位工場については、長い間、その「ブラック・リスト」を作ることができませんでした（今はネットに堂々と公開されています）。この学校は学位を金で売っている無内容な学位工場ですよということを公表できなかった。それを公表して、仮に名誉毀損《きそん》、業務妨害で訴訟を起こされた場合に、巨額の賠償請求をされる可能性があるからです。学校の存在自体は合法なのですから、その営業を妨げることはできない。

アメリカでは、しかたなく、学位工場を排除するために、「ちゃんとした大学」が集まって、大学の品質保証のための「ホワイト・リスト」を作りました。自他共に認める「まともな大学」が集まって会員制のクラブをつくる。そして、クラブの入会審査を厳しくする。「まともな大学クラブ」は任意団体ですから、その入会資格はいくらでも厳しくできる。こうしてアメリカの大学については、「法的に認められた大学」と「品質保証付きの大学」と二つのスタンダードができました。

「まともな大学クラブ」の入会審査をアクレディテーション（accreditation、信用供与）と呼びます。アクレディテーションを受けた大学は「安心な大学」です。

もともと日本は大学の設置基準が非常に厳しい国でしたから、学位工場のようなものが出現する余地がなかった。規制緩和で、そこに学位工場と、アクレディテーション・システムの両方が入ってきた。これ、何かに似てますね。

小津安二郎の『お早よう』という映画に、凶悪な人相の押し売りが来て、留守番の奥さんたちをさんざん怖がらせた後に、穏和な笑顔の青年が「防犯ベル」を売りに来るというエピソードがありました。次の場面では、その二人は居酒屋で並んで焼酎を飲んでいるのですけれど、これぞ「需要のないところに需要を作り出す」資本主義の骨法ですね。学位工場とアクレディテーションの「ワンセット」も、この押し売りと防犯ベル売りのペアに何となく似ているように私にはどうも思えてしかたがない。

二度目の正直

アメリカの教育産業が日本市場に参入してきたのは、実はこれが二度目です。学位工場の進出より二十年ほど前に、アメリカのさまざまな（これはまともな）大学が、日米貿易促進委員会の要請を受けて、一九八〇年代にどっと日本市場に参入してきました。

大学を誘致したい各地の自治体と、日本に進出したいアメリカの大学の意向が一致した。はっきりしたデータは知りませんが、たぶん日本全体で三〇校ほど開校したのではないかと思います。

ある年齢以上の方でしたら、日本のあちこちの田舎で、「エドモンズ大学日本校」という大学のブリキの看板が林立したのを覚えておられるでしょう（これはワシントン州立エドモンズ大学とは事実上無関係のものらしく、九七年に廃校になりました）。この他にも、ミネソタ州立大学、アリゾナ州立大学、オクラホマ州立大学、ニューヨーク市立大学など、多くの大学が日本に進出しました。当初はずいぶん評判になったようでしたが、九〇年代半ばまでにほとんどが姿を消しました。

これらは別に学位工場であったわけではありません。ただアメリカの大学のつねとして、非常に課題が厳しく、出席の悪い者や学力不足のものをどんどん落第させてしまったことなどが理由で志願者が激減し、財政的に維持できなくなって、九〇年代にバブルがはじけるとともに、次々と廃校になったのでした。だいたい、アメリカの大学は英語ベースで授業をするわけですけれど、英語で授業が聴けるくらいの英語力のある学生は、日本の名のある大学に受かってしまいますから、よく考えれば、そんなに志願者が集まるわけがなかったのです。

ですから、学位工場は二度目のアメリカの「大学」の日本市場進出です。前回の失敗をしっかり反省して、今回は教育課程を「日本語ベース」に仕様変更しました。もうひとつは、ターゲットを学生ではなく、大学の先生にシフトしたこと。学費を払って、日本語の論文を送ると、修士号や博士号がもらえる。これを「利用」した大学の先生がけっこうたくさんいて、先般、その氏名が公表されてしまいました（サイバー大学の学長も名前がありましたね）。

学位工場から学位を授与されること自体は違法ではありませんし、別に懲戒《ちょうかい》処分を受けなければならないような犯罪でもないと思いますけれど、教育を「金儲け」の手段であると割り切るようなタイプの人々、そして、彼らをマーケットから駆逐《くちく》するためにアメリカの大学人たちが現に必死に努力しているような人々に簡単につけ込まれたことについては、教育者としての見識を疑われてもしかたがないでしょう。

評価活動で失ったもの

繰り返し言うように、私は別に規制緩和に原理的に反対しているわけではありません。新しい理念の大学を作りたい、新しいタイプの教育方法を試してみたいという大学人が登場することは大歓迎です。

でも、実際には、規制緩和のせいで登場してきた新しいタイプの大学、とりわけ構造改革特区に誕生した株式会社立の大学の中には、市場の淘汰に耐えるものではないような、まったく大学の体をなしていない大学がいくつかあるそうです。文科省からはさまざまな改善点の指摘をしているけれど、改善する様子がない。このままではいずれ行政指導で廃校にされるかもしれない。でも、たとえそこで「あ、そうですか。じゃあ、大学やめます」と言っても、そこまでに投資したコストよりも、学生納付金の方が一円でも多ければ、ビジネスとしては「成功」したということになります。二十年前にそうであったように、「採算が合わなければ、やめる」ということについて、アメリカの大学人は逡巡《しゅんじゅん》がありません。というか、収益が見込めないビジネスモデルに早々と見切りをつける能力こそは経営者にもっとも求められている資質というべきでしょう。ですから、はじめからオフィスに転用できるように教室を設計している大学もあるそうです。経営者としては当然の判断でしょう。

ともかく、「こういう人たち」が教育事業にビジネスマインドで参入してきたせいで、私たち「まっとうな大学」の人間がアクレディテーションという「よけいな仕事」をしなければならなくなりました。

このアクレディテーションというシステムが導入されるときに、私も評価活動の担当者としてさまざまなシンポジウムやセミナーに参加しました。そして、そこで説明を聞いた限りでは、これはなかなか「よいもの」だと思いました。大学の研究教育活動から財務内容まで、包括的に点検する機会があるのは、問題発見の上ではたいへん有用ではないか、と。そう思いましたので、大学の教授会でも徹底した評価活動が必要であることを必死に説きました。でも、今にして思えば、まことに軽率だったと思います。

私はそのとき「評価にかかるコスト」をほとんどゼロ査定していたからです。評価には簡単なものと、手間のかかるものがあります。「欠陥品」を選び出すのは簡単です。「欠陥がないもの」を選び出すのは簡単ではありません。というか、論理的には不可能なんです。

養老孟司先生のよく使う喩《たと》えをお借りしますと、「筑波山にアゲハチョウはいない」という言明があったとします。これを否定するのも、肯定するのも、手間はいっしょだ、とふつうの人は考えます。でも、違いますよ。「筑波山にアゲハチョウはいない」という命題を否定するためには、筑波山に行ってアゲハチョウを一匹捕まえてくればいい。標本一つでこの命題は否定されます。逆に「筑波山にアゲハチョウはいない」ことを証明するためには、とてつもない手間暇《てまひま》がかかります。筑波山全域をくまなく調査して幼虫の食樹が存在しないことを証明し、「筑波山で採取されたアゲハチョウ」と称するものが偽物であるか、あるいは台風でどこかから飛ばされてきたものであるかを証明しなければならない。

アクレディテーションという作業がやろうとしているのはそのようなことです。「この大学はまともではない」ということを証明するのは簡単です。何か「まともじゃない」証拠を一つ発見すればいい。専任教員がいないとか、成績評価がデタラメであるとか、使途不明金があるとか、校地が活断層の真上にあるとか、どれでも「まともでない」ことを立証するには十分です。

でも、先ほど言いましたように、アクレディテーションというのは「ブラック・リストを作ることができない」という理由でひねりだされた苦肉の策です。「この大学はまともではない」ということを言えないので、「この大学はまともです」ということを立証しなければならなくなった。

でも、この世に存在するのは「まともでないことを示す指標」だけです。「まとも」であることを示す実定的な指標というものは存在しません。ですから、アクレディテーションは論理的には「まともでないことを示すすべての指標を否定する」という絶対に終わりの来ない作業を意味することになります。

考えてもみてください。私たちがふだん市民として自由に街を歩き回っていられるのは、私たちが「まともな市民である」ことを証明できているからではありません。「まともな市民ではない」ことの証拠が示されていないからです。「推定無罪」の原理に基づいて私たちは市民権を行使できているのです。

アクレディテーションは逆に「推定有罪」の原理を採用します。その上で、「潔白《けっぱく》であることを挙証《きょしょう》せよ」と言っている。この要請に応えることは、理論的にも、実践的にも、不可能です。無罪である証拠をどれだけ積み上げても、有罪の証拠が一つ出れば、すべてが覆《くつがえ》される。だから、「推定有罪」の上で潔白を挙証する作業には、「これで終わり」ということがありません。挙証作業はエンドレスのものになります。

実際に、アクレディテーションのための挙証作業（それが評価活動です）はエンドレスになっています。

私は大学の自己評価委員長を四年やって、文科省や大学基準協会に出すための「うちの大学はまっとうである」ということを挙証するための文書を山のように書きました。だから、この作業が「終わりなき地獄」であることを全身の筋肉のきしみと、澱《おり》のようにたまった疲れに基づいて確言することができます。

このエンドレスの評価活動のために、教員たちは本来教育と研究のために用いるべき膨大な時間を犠牲にしました。評価活動によって日本の大学が失った研究と教育のためのリソースは、取り返しのつかない量に達するだろうと私は思っています。大学の教員が、研究のためでも、教育のためでも、大学の経営のためでもなく、「学位工場とアクレディテーションをワンセットで輸入した」行政の不始末の尻ぬぐいのために膨大な時間とエネルギーをドブに捨てさせられたことについて、日本中の大学教員は腹の底から怒る権利があると私は思っています。

国立大学の先生の中には、大学設置基準の大綱化、教養課程の改組、学部再編、独立行政法人化と、過去十数年間、文科省に出すペーパーだけを書き続け、その間、ほとんど専門の研究ができなかったという人が日本全国に何十人、何百人といます。そういうエンドレスの作業に動員されるのは、どの大学でも、若手で、仕事が速く、要領のいい人です。面倒な仕事は結局同じ人のところに回される。彼らがそれらのペーパーを書かずに、研究教育に専念できていた場合に、どれだけのものを作り出したか、それを想像すると、私は深い徒労感にとらえられるのです。

エンドレスの評価活動によって日本の高等教育が失った（そして、今も失いつつある）知的リソースがどれだけに達するか、文科省は考えたことがあるのでしょうか。

たぶん考えたことがないでしょう。文科省はつねに評価コストを「ゼロ」査定しているからです。もちろん、現場を見ていれば、評価コストがとてつもないものになっていることは承知しているのでしょうけれど、表向きは「ないこと」にしてある。「自己評価活動が日本の高等教育にもたらした否定的効果」というようなレポートは、おそらく文科省の誰も書いていない。けれども、文科省のお役人だって、アクレディテーションのための評価「コスト」が評価のもたらす「ベネフィット」をすでに超えているということはわかっているはずです。わかっているけれども、もう止めることができない。責任をとる人間がもうどこにもいないからです。

私はうちの大学に自己評価活動や教員評価を導入する旗を振った「A級戦犯」ですから、評価コストの見積もりを見誤った点については、自分の非を認めます。教授会で土下座して詫びろ、と言われたら土下座します。その上で、文科省や同僚の大学人たちに「もう評価活動はいい加減にしませんか」とご提案したいと思っているのです。過ちを改むるに憚《はばか》ることなかれと言うではありませんか。

第5講　コミュニケーションの教育

君子の六芸

大学教育では、教養教育と専門教育が区別されています。言葉はふつうに流布していますが、改めて「教養教育と専門教育はどう違うのか」と問いを立てると、これに答えるのはなかなかむずかしい。

昔は君子に必要な基本的な学術を「六芸《りくげい》」と言いました。これはヨーロッパもいっしょですね。自由七科という。東洋は六科、西洋は七科。文法、修辞学、論理学、算術、幾何学、天文学、音楽。いわゆる「リベラル・アーツ」(artes liberales) です。うちはリベラル・アーツの大学ですから、文学部、音楽学部、人間科学部で教養教育に必要な科目を分担しています。

でも、私の見るところではギリシャ・ローマ伝来の自由七科より、孔子の六芸の方が教養教育としてはより理に適《かな》っているように思われます。六芸とはすなわち、礼・楽・射・御・書・数のことです。

儒教ですから、当然「礼」が第一に来ます。これは祖霊を祀《まつ》る儀礼のことです。どうやって正しく死者を弔《とむら》うか。これが人間が第一に学ぶべきことである。私はこの考え方は深いと思います。

葬礼というのは「正しく祀れば死者は災いをなさない。祀り方を誤ると死者は災いをなす」という信憑《しんぴょう》の上に基礎づけられています。生きているもののふるまい次第で死者のふるまいが変わるというのは、要するに死者とのコミュニケーションが成立しているということです。「存在しないもの」とも人間はコミュニケーションできる。これを人間が学ぶべきことの筆頭に置いたというのは、人間についての洞察として深いと私は思います。

「楽」は音楽です。なぜ、音楽が第二位に来るのか。これも私は長いこと意味がわかりませんでしたけれど、今は少しわかります。

孔子は音楽を愛した。政敵に追われて放浪しているときも、琴を弾じるのを止めなかった。「楽」は時間意識を涵養《かんよう》するものです。豊かな時間意識を持っていない人間には音楽は鑑賞できません。楽器の演奏も曲の鑑賞もできない。というのは、音楽とは「もう消えてしまった音」がまだ聞こえて、「まだ聞こえない音」がもう聞こえているという、過去と未来への拡がりの中に身を置かないと経験できないものだからです。

単音の音楽というものはありえません。リズムもメロディも、その楽音に「先行する楽音」と「後続する楽音」の織りなす関係の中でしか把持《はじ》されません。そして、「先行する楽音」も「後続する楽音」も、論理的に言えば、今、ここでは聞こえていない。今、ここには存在しないのです。今ここには存在しないものとの関係を維持していなければ、音楽というものは演奏することも聞き取ることもできないのです。

音楽を聴くとき、それまで聴いた先行する楽章のすべての楽音が「いまでも聞こえる」人、これから続くすべての楽章のすべての楽音が「もう聞こえる」人は、今ここで聞こえている単独の音（というのは原理的にはありえないのですが、仮説として）を深く味わうことができます。

はじめて聴く曲であっても、それまでの楽音がずっと記憶されて、聞こえている人は、これから続くはずの楽想がある程度予測できる。その期待にぴたりと添った音が聞こえれば快感が訪れるし、期待から少しずれれば、そこにグルーヴ感が生じる。

音楽を愉悦するためには、できるだけ長い時間の中にいる必要がある。そうですね。もし生まれてから耳にしたすべての楽音を記憶している人がいたとしたら、その人は耳にするあらゆる音の中に、彼がこれまで聴いたすべての音楽の変奏と和音と対旋律と倍音を聴き取ることができるでしょう。そして、これから作られる音楽（まだ誰も演奏したことのない音楽）を先取りして想像できる人がいたとしたら（これも仮説的存在ですが）、その人が音楽を聴くときの快楽というのは私たちの想像を絶しているはずです。音楽については、過去と未来に時間意識の翼を大きく広げられれば広げられるほど大きな快楽が約束されている。だから、音楽は時間意識の涵養のためにきわめて重要な科目とされるのだと私は思います。

「射」は弓。「御」は馬を御すること。すなわち武術です。本邦でも剣や槍を使っても、武道のことを「刀槍の道」とは言いません。やはり「弓馬《きゅうば》の道」と言います。私たちが武人の姿としてまず想像するのは、馬にまたがって弓を引いている姿です。

弓術と馬術は武術の中で実は特殊なものです。それはどちらも「敵がいない」からです。弓において術の成否を決定するのは一〇〇パーセント自分自身の心身です。的は向こうからは襲ってきません。自分の身体をどこまで細かく分節できるか。筋肉や骨格や腱や神経や細胞にいたるまでを意識できるか。それが課題となります。身体運用の精度を上げるためには、どういうふうに心と体を使うのがいいのか。それを工夫するのが「射」です。

「御」も相手は馬ですから、ここにも敵はいません。馬術で要求されるのは、人間ならざるものとコミュニケーションする力です。馬でも操作を誤れば大けがをするし、具合が悪ければ死んでしまう。でも、コミュニケーションを成立させ人馬一体となれば、ケンタウルスのような「キマイラ」になることができる。人間と非人間が一つになって「共─身体」を形成することができる。それは人間が単体で発揮できる運動能力の何倍、何十倍もの能力を発揮する。

武術の本質はこの二点に集約されると言ってよいのです。

自分の身体をどこまで精密に意識化できて、どこまで細かくコントロールできるか。それが第一。第二が、他者とのコミュニケーション。非─自己と一体化することによって、パフォーマンスを爆発的に向上させる。これが武術の原理です。「敵と戦って、倒す」ということは武術の目的ではないのです。武術の原則は「敵をつくらない」ということです。的も馬も、身体運用の精度を上げ、運動能力を飛躍的に高めるための「きっかけ」ではあっても、「敵」ではありません。射は自分自身との、御は馬との、コミュニケーション能力開発のことです。私はそう理解しています。

そして、残ったのが書と数。「読み書きそろばん」です。生身の人間相手の、「浮世の勧工場」でのやりとりのための技術です。

ご覧の通り、現代の教育では六芸のうち、礼、楽、射、御は必須カリキュラムには含まれていません。最下位に置かれた二教科だけが集中的に教えられているのです。

教養と専門

さて、現代教育課程から排除された、これら四芸の特徴は何でしょう。私は実はこれこそが教養教育の本体だと思っているのです。

とりあえず、この四芸では、どれも達成目標や成果が数値化できません。「祖霊を祀る仕方のテスト」をして、A君は祖霊が喜んだせいで家運が向上したので一〇〇点、B君は祟《たた》りで病気になったので〇点というようなことは考量できません（だいいち、成績をつけられるまでに時間がかかりすぎます）。

音楽もそうです。音楽のもたらす最大の喜びは「感動」ですけれど、感動は個人的なことですから客観的に数値化できない。バド・パウエルの晩年の演奏はもう指が動かなくなって、ミスタッチだらけだけれど、「バド・パウエルが出したいと思って（出せないで）いる音」が幻想的に聞こえる聴衆は深い感動に震えるということが起こる。このような音楽性もまた数値的には考量不能です。

射もそうです。体を細部まで意識化することは比較したり競争したりすることではない。「股関節の使い方を工夫したら、大腰筋《だいようきん》の動きがうまく胸鎖《きようさ》関節に伝わるようになりました」というような自己申告を点数化することは不可能です。

御も同じです。競馬でタイムを計ることはできますけれど、「人馬一体度」は数値化できません。御において求められているのは、自己と非自己のコミュニケーションの深度なのですから。

そう考えると、教養教育の定義がだんだんわかってきます。

教養教育というのは、要するにコミュニケーションの訓練だということです。

それも、なんだかよくわからないものとのコミュニケーションの訓練です。共通の用語や度量衡《どりょうこう》をもたないものとのコミュニケーションの訓練。

そうですよね。礼や楽は「存在しないもの」とどうかかわるかの技法です。「存在しないもの」が相手では、言葉や数値は持ち込みようがありません。射や御は「人間ではないもの」（大腰筋とか胸鎖関節というのは「人間の一部」ではありますけれど、「人間」ではありません）とどうかかわるかの技法です。ここにも人間的尺度は持ち込みようがない。

私たちがふだんなにごともなく使っている人間的用語や人間的尺度が「使えない」という条件で、何とかコミュニケーションを成立させる。その訓練が教養教育ということのほんとうの目的ではないか。私はそんなふうに考えます。

教養教育をそう定義すると、専門教育も自動的に定義されます。教養教育の定義をひっくり返せばいい。

専門教育というのは、「内輪《うちわ》のパーティ」のことです。

そこは「専門用語で話が通じる」場所です。あるいは「通じることになっている」場所です。そこでは、「それはどういう意味ですか？」という術語の定義にかかわる質問をしてはいけません。あるいは「この学問領域は何のために存在するのですか？」とか「あの人はなんで偉そうにしているんですか？」という質問は許されません。全員が「その場のルール」を熟知している（ことになっている）というのが専門教育の場です。

もちろん、専門課程に進学してきたばかりの二年生や三年生では、そこで行き交っている符丁《ふちょう》の意味はわかりません。わからないけれど、「わかったような顔」をしていなければいけない。符丁で話さないといけない場所ですから、符丁が使えない人間は黙っているしかない。何か話したいと思ったら、自分も符丁を使うしかない。

ビジネスマンだっていっしょです。会社に入ったら、「資本」とか「貨幣」とか「市場」とかいう言葉を日常的に、あたかもその意味が熟知された用語でもあるかのように使いますけれど、そのへんのサラリーマンを捕まえて訊いてみればわかりますけれど、彼らだって「資本」や「貨幣」の意味なんか知らないですよ。定義しろって言ってもできないです。「資本といったら、資本だろうが」、「現に貨幣として流通しているものが貨幣なんだよ」くらいしか言えないです。それって同語反復ですけどね。でも、それが「専門的」ということの特性なんです。その場で行き交っている用語の定義をしようとすると、必ず同語反復、循環参照になる。それでいいいいいいいいいいいいいいいいんです。それが専門的ということなんですから。

私も経験がありますけれど、大学院に行くと、先輩たちがむずかしいテクニカルタームを駆使して、なんだか意味のわからない話をしている。こちらは話についていけないので、ぼんやり聴いている。そのうちテクニカルタームの「使い方」がわかってくる（「意味」がわかったわけじゃないですよ。意味なんかわからなくても専門用語は使えるんです。だって、ここでは「あなたはその言葉をどういう意味で使っているんですか？」という問いかけはしてはいけない決まりなんですから！　どんな勘違いをしていても尻尾をつかまれる恐れはありません）。そういう「よく意味はわからないんだけれど、使い方はわかったテクニカルターム」を並べて論文を書いてみたら、先生に「なかなかおもしろいね」と評価されたり、学術誌に掲載されたりする。なるほど、そういうものかと思って、どんどん書いているうちに専門家として認定される。

だいたいそういうものです。

ところが「内輪のパーティ」だけでは専門領域は成り立ちません。ある専門領域が有用であるとされるのは、別の分野の専門家とコラボレーションすることによってのみだからです。

『ナヴァロンの要塞』でも『スパイ大作戦』でも、「チームで仕事をする」話では、爆弾の専門家とか、コンピュータの専門家とか、外国語の専門家とか、格闘技の専門家とか、変装の専門家とか、色仕掛けの専門家とか、そういうさまざまな専門家が出てきます。彼らがそれぞれの特技を持ち寄って、そのコラボレーションを通じて、単独では成し遂げられないほどの大事業が実現される。

他の専門家とコラボレートできること。それが専門家の定義です。他の専門家とコラボレートできるためには、自分がどのような領域の専門家であって、それが他の領域とのコラボレーションを通じて、どのような有用性を発揮するかを非専門家に理解させられなければいけません。

さきほど、専門領域というのは「符丁で話が通じる世界」のことだと申し上げました。それはその通りなんです。でも、専門家というのは、実はほかの専門家と共同作業をしないと何の役にも立たない。自分ひとりで何でもできる専門家というのは形容矛盾です。ひとりで狩りもできるし、魚も釣れるし、稲作もできるし、鍛冶もできるし、大工もできる……というような人のことは「専門家」とは呼びません。専門家の手柄は自分の専門のことしかできないけれど、その代わり、他の専門家と「合体」すると爆発的なパフォーマンスを発揮するということです。だから、専門家は「自分の専門領域での符丁が通じない人たち」と密度の高いコミュニケーションができなければいけない。

自分が何の分野の専門家であるかを、他の分野の専門家たちに理解させることのできない専門家には、誰からもお呼びがかかりません。これが「専門家」という存在の背理《はいり》性です。専門領域というのは「符丁で話が通じる世界」であり、そこで専門家は育てられる。しかし、「符丁が通じない相手」とコミュニケーションできなければ、専門家は何の役にも立たない。

実際に、「何の役にも立たない専門家」というのはたくさんいます。「専門バカ」と呼ばれる学者たちがそうです。専門領域では華々しい業績を上げているので、「内輪のパーティ」では大きな顔をしていますけれど、自分が何の研究をしているのかを非専門家に説明することができないので、何の役にも立たない。

だから、教養教育と専門教育の二つが並行的になされなくてはならないのです。教養教育というのはさきほど申し上げたように、「自分と共通の言語や共通の価値の度量衡をもたないもの」とのコミュニケーションのやり方を学ぶためのものだからです。まず教養教育で自分と世界の違うものとのコミュニケーションの仕方を学ぶ。次いで、専門教育の「内輪のパーティ」で、符丁を使って話す仕方を学ぶ。そして次に、これまで符丁で話してきたことを、

「符丁が通じない相手」に理解させる。

そこまでできてようやく高等教育は一応の目標達成ということになります。

自分自身を含む風景を一望俯瞰する力

ごく近年まで、教養教育の中心が外国語教育だったのは、「自分と共通の言語や共通の価値の度量衡をもたないもの」とのコミュニケーションの訓練として、外国語のテクストを読むことが効果的であるということが経験的に知られていたからです。旧制高校がそうです。旧制高校というのは日本教育史上でもっとも成功した教養教育システムであると私は評価していますけれど、ここで集中的に行われた外国語教育は、六芸における「射」と「御」のある種の変形のように思われます。

目の前に外国語のテクストがある。辞書を引けば、ひとつひとつの単語の意味はわかる。でも、その単語を並べてみても、文の意味はまるでわからない。そのまま本を閉じて、翌日開いてみても、依然として理解できない。次の日開いても、やっぱりわからない。じっと睨《にら》んでいるうちに、「あ、そうか」と気がつく。自分が変わらなければ何も変わらないのだ、と。個々の単語の意味はわかっているはずなのに、自分が今のままの自分である限り、このテクストは永遠に読めるようにならない。では、どう変わるのか。「たぶんこんなことが書いてあるにちがいない」と解釈の可能性を限定づけている自分自身の知的な狭さを押し破るしかない。

もしかすると、私の中ではかつて一度も像を結んだことのないような形象や、一度も感知されたことのない情緒や、一度も言語化されたことのない命題がこの世には存在するのかもしれない。そう思わなければこの種のテクストは読めるようになりません。そういうものです。

このプロセスは自分の因習的な身体の使い方をいったん「かっこに入れて」、これまで一度もそんなふうに使ったことのない筋肉の使い方や、これまで一度もその動きを意識したことのない関節の使い方を吟味するという点では深く「射」に通じています。自分とは考え方も感じ方もそれを表現する仕方もまったく違う「他者」に同調しようとして、「自分の世界の境界線」の向こう側へ身を乗り出すという点では「御」にも通じています。

逆説を弄《ろう》しているように聞こえるかもしれませんが、人間は学んでいるときには、自分が今、何を学んでいるのかよくわかっていないのです。自分がどこへ向かっているのかわからない。それでいいんです。その無知と不能の覚知に基づいてはじめて「自分がやっていることをわかっている視座」というものを想像的に設定できるからです。その想像的な視座から、自分がいるところを俯瞰《ふかん》する。それが「マッピング」ということです。

「マップする」というのは地図上の点に「ここが私のいる場所だ」という印をつけることです。

大事なのは、マップがはじめから存在するわけではないということです。はじめからでき合いのマップがどこかにあって、それを見ると自分のポジションがわかる、ということではありません。それは市販の地図を買ってきても、自分の現在位置はわからないのと同じです。自分をマップする地図は自分で作らなくてはならない。

自分が今、地面に立って見ているもの。ここに川があって、あそこに丘があって、向こうに山並みがあって、谷がある。何歩か移動してみると微妙に風景が変わる。何メートルか坂を上ってみると、山の高さが微妙に変わる。それらのデータを入力して、想像的に鳥の目になって、空を飛翔して、自分を含む風景を俯瞰してみてはじめて地図ができる。自分が動かないと地図は作れない。地図に基づいて動くのではないのです。自分はすでに風景の中にいる。その一部をなしている。その中で動くと風景が変化する。その変化を勘定に入れて、向こうに見える山の高度や、そこまでの距離を計測する。自分が動くから、自分を取り巻いている風景が鳥瞰される。

自分自身を含む風景を一望俯瞰する力。それを私は「マッピング」と呼んでいます。

マッピングは静止状態ではできない。ＧＰＳではないんです。宇宙空間から人工衛星が見下ろしているわけではない。自力でポジションを言い当てるしかない。それが人間にとって一番たいせつな基礎的な知性の訓練だと私は思います。

「歴史のゴミ箱」

これから先、日本の高等教育はどうなっていくのでしょう。

日本の大学はそのほとんどが九〇年代に教養課程を廃止しました。入学してから二年間を教養教育のような「無駄なこと」に費やしてもしょうがない。それより入学してすぐから専門教育を施した方がいいと。財界・産業界からの強い要請があって、一年生から専門教育をすることにしました。十五年ほどそうやってやってきて、何が起こったかというと、大学生の学力が著しく低下してしまった。新入社員が使いものにならない。昔は教養を二年間やって、三年四年で専門をやりました。専門教育期間を倍にしたのに、昔より専門の知識が劣化してしまった。これには教養課程の廃止を推進してきた文科省もびっくりしました。

でも、よく考えればわかりますけれど、さきほど申し上げたように、専門のことだけ勉強していれば「使える」専門家が育つということはありません。自分が何の専門家だかよくわからない人間ができるだけです。

教養教育というのは「自分が何をやっているのかわからない」という覚知に基づいて知性を使うやり方のことです。いささかわかりにくい表現を使えば「自分がどうふるまったらよいのかわからないときに、なお適切にふるまうやり方」を身につける訓練のことです。

専門教育では決してそんなことはしません。それは専門教育が「自分が何をやっているのかを、みんなわかっている」ということを前提にして存立しているからです。専門領域でそこのフルメンバーとして迎えてほしかったら、「私がこれから学ぶ専門領域は何のために存在するんですか？」とか、「何の役に立つんですか？」とか、「どういう他の専門領域とのコラボレーションをめざしているんですか？」というような専門領域を「巨視的に」とらえるような質問はしてはならない。これは前に言いましたけれど、ほんとにそうなんですよ。

もし、そういう巨視的な問いにきちんと答えてくれる先生がたくさんいたとしたら、それはあなたのいるのが「生きのいい」学界だということです。できたばかりなので、最近までそういう巨視的な問いが身内でも頻繁に飛び交っていたので、問いに対するアレルギーがない。でも、ふつうは、そういうことを訊くと露骨に厭《いや》な顔をされます。「キミのような新参者はそんなことを考えんでもいいんだ。いいから黙って勉強したまえ」と叱られます。それがふつうです。

どの学問分野でも、「この分野の研究はいつから、どういう歴史的経緯があって始まったのか？」という、存在理由そのものにかかわる問いは無意識的に忌避《きひ》される傾向があります。どうしてかというと、この学問分野がさまざまな学術史的理由があってあるとき「誕生」した以上、別の学術的理由からあるとき「消滅」することもあるということを、その問いが思い出させてしまうからです。自分たちのやっている専門的な研究はこれまでずっと存在してきたし、それゆえ未来永劫《えいごう》存在し続けるであろうという信憑から学者たちは逃れることができません。彼らが巨視的な問いを忌避《きひ》するのはそのせいです。

だから、専門教育の場では「この専門は何のためにあるのか？」という問いが新入生には許されません。その結果どうなるでしょう。

大学一年から専門の勉強ばかり四年間やれば、たしかに、ある種の特殊な器具を操るとか、ある種の計算式を使うとか、そういうことには熟練します。でも、「で、きみは何をやっているの？」という非専門家からの問いにはうまく答えることができなくなる。だって、一年生のときからずっと「内輪のパーティ」にしか参加したことがないから。他のパーティではどういうふうにふるまっていいかわからない。他の分野の専門家とアイディアの交換をしたり、学際的なコラボレーションの仕組みを考案したりするためには、どうしたって非専門家に自分の専門の「おもしろさ」を説明できなければならない。でも、そのような訓練は一度も受けたことがない。

私の知る限りでは、どの分野でも先端的な研究をしている人は、他分野の人に自分が今、研究していることを理解させるのが非常に上手です。特に理系の人がうまい。これにはもちろん理由があって、理系の場合は研究にお金がかかるからですね。外部資金を導入しないと研究が進められない。でも、資金の財布のひもをにぎっている「金主」は専門家ではありません。その人に「ああ、この研究はおもしろそうだ。将来性がありそうだ。いろいろな分野に応用できそうだ」というふうに思わせなければいけない。だから、説明の仕方がうまい。

逆に、人文系の専門家で自分がやっていることをわかりやすく説明できる人というのはきわめて希《まれ》です。私も人文系の人間ですから他人のことのようには言えませんけれど、研究にお金があまりかからないというのがその理由です。だから、なかなか「身内だけのパーティ」から抜け出せない。社会の知的な編成の変化にも鈍感です。だから、気がつくと、その学界ごと「歴史のゴミ箱」に放り込まれてしまうということが起きる。

私のいたフランス文学の学界は悲しいかなその典型です。八〇年代からあと、フランス文学の研究者で、現代社会の問題について、専門的知見をふまえて発言してきた人はほとんどいませんでした。メディアを通じて、一般市民たちに向かって「自分たちはこんなおもしろいことをしているんですよ」ということをアピールする努力もほとんどまったくしてこなかった。当然ながら、中学生や高校生がフランス文学に興味をもつような工夫もまったくしなかった。でも、その中学生や高校生たちが「いずれあの大学の、あの先生に就いてフランス文学を勉強したいなあ」と思わなければ、フランス文学科への入学者はいなくなります。入学者のいない学科をいつまでも温存しておけるほどいまの日本の大学の財務状態はよくないですから、「じゃあ、これはもうなくしましょう」ということになる。二〇〇〇人からいたフランス文学者が「内輪のパーティ」に明け暮れているうちに、ある日気がついたら、日本中のほとんどの大学からフランス文学科がなくなってしまいました。いずれフランス文学の教員ポストもなくなるでしょう。

社会学も事情は似たようなものです。もう「社会学科」という学科名を残している大学はほとんどありません。仏文学者に比べれば、社会学者たちの方がずいぶんメディアには積極的に露出していましたけれど、やはり「非専門家にその有用性を理解させる」ための努力は足りなかったようです。彼らはどちらかというと市民に向かって「あなたがたは何も考えなくていい。考える仕事は私たちがするから」という態度を取りがちでした。頼もしいと言えば頼もしいのですけれど、あまりそればかり言われるとこちらも腹が立ってきますよね。

中高生を侮《あなど》ってはいけません。ある専門領域が継続的にアクティヴであるためには、新しい「血」が絶えず流入することが不可欠ですが、「新しい血」というのは「なんだか知らないけれど、この領域はおもしろそうだな」と胸を期待に膨らませる若い人たちのことです。まるっきりの非専門家であるこの少年少女たちの知的欲望を喚起するというのは、専門的な学問が活動し続けるための必須の条件なのです。

若者たちの知的欲望を喚起するには、いろいろなやり方があります。面と向かって「おもしろいから、おいでよ」というのも一つのやり方ですけれど、学者はあまりそういうことはしません。ふつうは、「内輪のパーティ」をしているところを「見せつける」という姑息《こそく》な手段を採用します。内輪にだけしか通じない符丁で、内輪のギャグで笑っている様子を子どもたちに誇示して、「メンバー」になれば「こういうこと」をして、部外者に疎外感を味わわせることができるということを暗示します。もちろん、この手にひっかかって専門家になってしまう子どももいるのですけれど、業界が「そういう人」ばかりになると、「パーティ」がますます閉鎖的になり、「内輪の符丁」がますます暗号化してきて、ついにはそこで何をしているのだか外からわからなくなってしまう。そうなると、やっぱりもう誰も来なくなります。

いろいろな学問領域が不人気になりましたけれど、遠慮なく言えば、その理由の過半は「身内のパーティ」にかまけて中高生たちの欲望を喚起するという仕事を怠ったせいだと私は思います。「歴史のゴミ箱」に投じられそうな専門分野が他にもいくつもありますけれど、(名前をあげると角が立つので控えますが) ほんとに気をつけた方がいいですよ。

他者とのコラボレーション

話を戻します。専門特化したせいで学生の学力が落ちたという話でしたね。

別に学力が落ちたわけではないのです。専門的な知識や技術はそれなりに身についた。ただ、それが「何のためのものか」を考える機会が与えられなかったので、その知識や技術を「どう使っていいか」がわからない。他の専門領域とどんなふうにネットワークを組んで、どんな新しいものを生み出せるか、という「コミュニケーション」する仕方を知らない。そのせいで、日本の、とくに理系における科学的な生産力が低下してしまいました。文科省や中教審はあわてて、これではいけない、やはり教養教育をやらないとダメだと突然言いだしました。一年生から専門ばかりをやるのはやめてください、やはり最初の二年ぐらいは教養科目をやってください、と。この判断は遅きに失したとはいえ、正しいものだと思います。

将来いろいろな専門領域に散らばってゆく人たちが、大学一年、二年のときには共通の科目で机を並べることで、分野を超えて共有できる知的な共通基盤を作り出す。その「プラットフォーム」の上でなら、どんな分野の人ともとりあえず話が通じる。学生たちにそんな「コミュニケーション・プラットフォーム」を共有してもらうというのが教養教育の眼目です。

かつての旧制高校が教養教育課程としてすぐれていたのは、その点だろうと思います。そこでは将来、医者になったり、法律家になったり、エンジニアになったり、外国文学者になったりする人たちが机を並べ、起居を共にして、同じような本を読み、共通の論題について議論を交わす、というシステムがありました。そこでしっかりした「コミュニケーション・プラットフォーム」が形成された。だから、そのあとそれぞれがばらばらの専門職に就いた後も、「この仕事はあいつに頼もう」とか「これについてはあいつが詳しい」というネットワークがずっと生きていた。「誰に頼めばいいかを知っている」というのはきわめて専門性の高い情報です。

「使える専門家」というのは、誤解している人が多いと思いますけれど、自分が何をできるのかを言い立てる人のことではありません。そうではなくて、自分は何ができないのかをきちんと理解していて、「自分ができない仕事」、それに支援されなくては自分の専門的知見が生かされない仕事について、きちんとしたジョブ・デスクリプションが書ける人のことです。そうしないと必要な専門家の「リクルート」ができませんからね。

『荒野の七人』と『大脱走』というジョン・スタージェスの冒険活劇は私の「オールタイム・ベストテン」に入る二作品ですけれど、これは二つとも「専門家をリクルートする」ところが物語の前半の見せ場になっています。

『荒野の七人』ではクリス（ユル・ブリンナー）が、『大脱走』ではビッグX（リチャード・アッテンボロー）がある大きなプロジェクトの実現に必要な専門家のリストを作り、それにふさわしい人材をリクルートしてゆきます。この二人がプロジェクトのリーダーになるのは、彼らに卓越した専門的能力があるからだけではありません。むしろ、自分には「何ができないか」「何が足りないか」を明確に理解しているからです（「証明書の偽造ができない」「盗みができない」「トンネルが掘れない」などなど）。リーダーシップというのは実はこのことなのです。

「自分にできないこと」をきちんと理解して、「自分にできること」とリンケージできること。それを先ほど私は「コミュニケーション・プラットフォーム」の構築と申し上げました。

日本の教育プログラムにいちばん欠けているのは、この「他者とコラボレーション」する能力の涵養だと思います。今の日本の教育の問題というのはもしかすると、ぜんぶがこの一つの点に集約されるのかもしれません。

競争を強化しても学力はあがらない

今の日本では、学力の向上は「競争」を通じて達成される、と上から下までみんな信じています。たしかに、個人の学力は競争を通じて向上させることができます。けれども、「競争に勝つ」ことのたいせつさだけを教え込んでいたら、子どもはいずれ「自分ひとりが相対的に有能で、あとは自分より無能である状態」を理想とするようになります。「相対的に」というところが味噌《みそ》です。

「今ここでの競争に勝つ」という点に限れば、自分の学力を上げることと、競争相手の学力を下げることは、結果的には同じことだからです。そして、ほとんどの子どもたちは「自分の学力を上げる」努力と同じだけの努力を「競争相手の子どもたちの学力を下げる」ことに投じます。もちろんおおかたは無意識的に。それでも、子どもたちは実にこまめに競争相手の知的パフォーマンスが向上することを妨げようとします。

例えば、学習塾で学校で習うより早く教科を進んだ子どもは、しばしば学校で自分が習った単元の授業の妨害をするようになります。立ち歩いたり、歌を歌ったり、隣の子に話しかけたりする。「自分はもうわかっていることだから、退屈しているんだな」とふつうは解釈されますけれど、違いますよ。彼らは授業妨害をすることで、競争相手の学力を引き下げようとしているのです。

うちの大学はセンター試験の会場を提供しているので、その試験監督をすることがありますけれど、この試験会場の休み時間には、出身校が同じ受験生たちが群れをなして、けたたましい笑い声をあげて、最後の瞬間まで参考書に赤線を引いて勉強している他校の受験生を妨害している風景に毎年お目にかかります。むろん、受験生たちは自分がそんな「えげつないこと」をしているとは気づいていません。それほどまでに「寸暇を惜しんで、競争相手の勉強の邪魔をする」というマナーは彼らにとって血肉化しているのです。

競争を通じて学力の向上を果たそうという教育戦略は、結果的に全員が全員の足を引っ張り合うという『蜘蛛《くも》の糸』的状況に行き着きます。これは誰が悪いというのではなく、論理の必然です。そして芥川龍之介の物語の結末の通り、全員の学力は底なしに下がってゆくのです。

日本の子どもたちの学力低下は、大学進学率の上昇と、グローバル化の進行とほぼ同期しています。これはある意味当然です。競争が激化し、単一の度量衡による全員の格付けが行き渡るようになれば、「どうやって競争相手の学力を下げるか」という戦略の方に知的リソースの分配が偏るのは当然だからです。自分の学力を上げる努力は自分ひとりにしか関係しませんが、他人の学力を下げる努力は（例えば私語をして教師を怒らせると）クラス全員の学習を妨害することができます。費用対効果から見れば、「ライバルたちの学力を下げる」方が圧倒的に経済的です。何でも「創造するのは困難だが、破壊するのは簡単」なのです。

重ねて申し上げますけれど、競争を強化しても学力は上がりません。少なくとも、今の日本のように閉じられた状況、限られたメンバーの間での「ラット・レース」で優劣を決めている限り、学力は上がりません。下がり続けます。

学力を上げるためには、自分たちのいる場所とは違う場所、「外」とのかかわりが必須です。『荒野の七人』では山賊が、『大脱走』ではドイツ軍の看守が、主人公たちの活動を阻んでいます。だからこそ、「自分にできないこと」の検出に真剣になるのです。その欠陥を埋めておかないと、「外」を相手にしたプロジェクト（山賊退治、捕虜収容所からの脱走）は成功しないからです。ですから、当然、「自分にできないこと」を「自分に代わって引き受けてくれる仲間」に対しては深い敬意が示され、できる限りの支援を行うことが必須になります。

本来、子どもたちに最初に教えるべきなのは、「このこと」のはずです。どうやって助け合うか、どうやって支援し合うか、どうやって一人では決して達成できないような大きな仕事を共同的に成し遂げるか。そのために必要な人間的能力を育てることに教育資源はまず集中されるべきでしょう。

しかし、今の日本ではそうなっていない。むしろ、どうやって仲間の足を引っ張るか、どうやって仲間の邪魔をするか、どうやって一人だけ他人を出し抜いて「いい思い」をするか、そういう「えげつない」作法を子どもの頃から教え込まれている。「競争に勝て」というのは要するにそういうことだからです。親や教師があからさまにそういう言葉づかいをしなくても、子どもにはわかります。そうやってきた結果、「こういうふう」になった。

だったら、もう「そういうこと」はやめる潮時でしょう。

第6講　葛藤させる人

教員はいつでも反権力

教師というのは果たして「人気のある職業」なのかどうか。どうなんでしょう。労働条件がよければ教職に人が集まり、悪ければ来なくなる。それほどシンプルなものではないんじゃないかと私は思います。さきほどの発表者は、教師は待遇がいい、給料がいい、休みが多い、気楽な商売だというような皮肉なニュアンスのことを言われましたけれど、果たしてそういう理由で教員を選ぶという人ばかりなんでしょうか。

むしろ、教師というのは、近代日本では一貫して「不人気な業種」ではなかったかと私は思います。おおかたは公務員ですから、今みたいに景気が悪いときは、サラリーマンより給料がいいというふうに見えるのかもしれませんが、権力、財貨、威信、文化資本、そういうものにおいて他を圧したいと望む人、格差社会の上の方に格付けされたいと願う出世主義者が選択する職業ではありません。

私はそれでいいんじゃないかと思います。

教員はその時代の支配的価値観と齟齬《そご》する考え方の人の方がいい。私はそう思っています。私の父親は旭川の師範学校を出てしばらく小学校の教師をしていました。大正年間の話ですけれども、その当時、師範学校に行くのは、勉強はできるけれど、家が貧しくて旧制中学に行けない子どもたちでした。授業料が免除になるから、貧家の子どもが中等教育を受けるチャンスは師範学校に行くしかありません。そういう貧しい家の出の秀才たちが師範学校の寮に集められて、小学校の先生になるための訓練を受けた。

父の話を聞く限りでは、師範学校というのは、旧制中学や旧制高校のような、知的な開放感のある場所ではなかったようです。自負があり、野心がありながら、家が貧しいせいで上級学校に行けない子たちばかりが集められているわけですから、当然そこにはルサンチマンが渦巻くことになる。家が貧しいので能力を発揮する機会から遠ざけられている。この社会はどこかおかしい。師範学校の生徒たちは当然そういうふうに考えます。そういう屈託を抱えて多感な時期を過ごした若者たちが卒業して、初等教育を担うことになる。

彼らが教壇に立ったとき、どんな教師になるか。これは想像に難くありません。「世の中はこれでいいんだ」「今の日本は理想的な社会だ」と考えるような人間は構造的に教壇の上にはいません。「世の中はもっとフェアで、もっと平等で、もっと手触りの優しいものでなければならない」。思春期にそのことを思い知らされた若者たちが組織的に教壇に立つことになる。

これは初等教育としては「理想的」な環境だと言えます。尋常小学校に進学した子どもたちが仰《あお》ぎ見る小学校の先生の中に、その時代の日本社会のシステムについて、少なくとも「才能のある子どもたちに機会を提供するプロモーション・システム」について満足している人間はいなかったはずです。家が貧しく、親に理解がないせいで才能を発揮する機会を奪われている子どもたちがいる。彼らにもチャンスが与えられるべきだ。その点については、当時の初等教育の先生たちは今よりもはるかに深い確信を持っていたと思います。実際に、そういう子どもたちを見出し、勇気づけ、支援するということについてはずいぶん熱心であったようです。それは、彼らが支援している子どもたちが彼らの「分身」に見えたからでしょう。

子どもたちは小学校に入った段階で、このようなやや過剰に理想主義的なタイプの先生に出会います。この先生がたの理想主義というのは、どちらかというと彼ら自身のパーソナルな不満や屈託の産物であり、必ずしも社会観として客観的とはいえない。それでもこの理想主義は子どもたちが「ありのままの社会の実相」を受け容《い》れることに強いブレーキをかけた。

金持ちは偉い、権力者は偉い、軍人は偉い、官僚は偉い、というような通俗的な出世主義を信奉する教師は、初等教育の現場ではまず少数派だったはずです。

ところが、この理想主義的な教師たちが何をしたのかというと、「才能のある子どもたち」を見出して、支援して、勉強させて、上級学校に通わせて、「立身出世」を遂げ、故郷に錦を飾らせようとしていたのですね。自分を格差社会の低位に格付けている出世主義に対してはつよく反発していたのに、自分の「身代わりの子どもたち」がこの格差社会の上位に立つことは無防備なほど素直に期待している。

これは矛盾していますね。ぜんぜん首尾一貫していない。

自分の知らない人間が「博士や大臣」である社会はアンフェアだが、自分の教え子が「博士や大臣」になる社会はフェアだというのは、ロジカルにおかしい。いったい先生たちは出世主義を肯定するのか否定するのか、どっちなんでしょう。

でも、こういうのは首尾一貫していない方がいいんですね。

先生の言うことは論理的には「おかしい」のだけれど、実感としてはきわめて切実である。それでいいのです。教師は言うことなすことが首尾一貫していてはいけない。言うことが矛盾しているのだが、どちらの言い分も半分本音で、半分建前である、というような矛盾の仕方をしている教師が教育者としてはいちばんよい感化をもたらす。そういうものです。きれいに理屈が通っている、すっきりしている先生じゃダメなんです。それでは子どもは育たない。成熟は葛藤を通じて果たされるからです。

子どもは学校に通うようになって、まず最初に、先生の言うことと親の言うこと（あるいは近所の大人たちの言うこと）が食い違うということを知ります。それが最初の葛藤。やがて、その先生も親もそれぞれがやっぱり言っていることが首尾一貫していないことを知る。これが第二の葛藤。

それでいいんです。子どもたちが長い時間をかけて学ぶべきなのは「すっきりした社会の、すっきりした成り立ち」ではなく（そのようなものは存在しません）、「ねじれくれた社会の、ねじれくれた成り立ち」についての懐《ふところ》の深い、タフな洞察だからです。

ですから、先生たち自身が「ねじれた」存在であることは教育的にはまったく問題がない。それこそがノーマルなんです。

もし、学校の先生が「世の中、最後に勝ったものが正しいのだ」とか「能力のないものには生きてゆく資格がない」というようなことを平然と言い放つような人間ばかりだったら、子どもにとってはずいぶん迷惑なことでしょう。かといって、「この世の中の仕組みはすべて間違っている。世の中で成功した人はみんな悪人で、よい人はみんな不幸になるのです」というようなことを言い募られても困る。

ほどほどがいい。

優勝劣敗のこの社会の競争ルールそのものに異を唱えながら、それでも子どもたちには成功と勝利を求めるような先生。弱者、敗者に対して深い共感を寄せながら、強者、勝者の努力を評価することを忘れない先生。今の社会を支配しているイデオロギーに完全には同意しないし、完全に反対するわけでもなく、その中で引き裂かれている先生。だから、言うことがときどきつじつまの合わない先生。それが「よい先生」です。

断固たるゆるぎない価値観を持っていて、誰の言うことも聞かないという先生も困るし、まったく定見がなくて、人の顔色ばかりうかがっている先生でも困る。教育者は社会的に「ねじれた」位置にいるのがつきづきしいのです。

戦後の日本の初等中等教育では、社会党・共産党系の教員組合が教員たちのエートスに影響を与えていました。これを戦前における「師範学校的理想主義」が、「左翼的理想主義」に置き換えられたと考えると、その構造がよくわかります。「今の世の中は間違っている」という屈託が初等中等教育に携わる教員たちの心情にわだかまっているというのは、教育が機能する上でおそらく必須のことなのです。

日教組の影響力は八〇年代に入って急速に失われますが、「反権力的・反体制的」エートスは違うかたちで教育現場に生き残りました。日教組に代わって登場したのは新左翼の学生運動家たちです。日本の教育史では、たぶんほとんど言及されていないことでしょうから、この機会に私の思うところを述べておきたいと思います。

六〇年代から七〇年代はじめの全国学園紛争にかかわった学生活動家たちのかなりの部分は、闘争から召還したあとに、(「日帝打倒」とか言っていた手前もあり)資本主義的企業に就職することを潔しとせず、その相当数が教師や予備校・学習塾の先生になりました。統計的に調べた研究があればたいへんおもしろいと思うのですが、この時代の学習塾・予備校は「高学歴かつ反権力」という先生たちで文字通り「汗牛充棟《かんぎゆうじゆうとう》」というありさまでした。東大全共闘の議長だった山本義隆は駿台予備校で物理を教えていましたし、べ平連の小田実《おだまこと》は代々木ゼミナールで英語を教えていました。彼らのネームヴァリューを慕って集まってくる予備校生たちもたくさんいました。

私も七〇年代にいくつかの学習塾でバイトしたことがありますので、よく覚えていますが、新左翼の学生活動家というのはだいたいみんな貧乏で、落語に出てくる長屋《ながや》の住人たちのように助け合うマインドがありましたから、ひとりがバイト先を見つけると、次々と食えない仲間たちを誘い込みます。ですから、バイト学生の全員が活動家という学習塾もありました。そういう学生たちはなぜか教える仕事にずいぶんと熱心で、過激派学生たちが教鞭《きょうべん》を執《と》った学習塾は進学率がよく、たいそう繁昌したのです。不思議な話ですけど。

そのようなバイト学生たちのかなりの部分は、そのあと就職できず（せず）に、自分で学習塾を開いたり、大学院に進んで大学の教師になったりしました。教育の現場というのは、どうも明治以来一貫して「反体制的な若者」に対して敷居《しきい》が低いようです。

かつての活動家たちも今はもう五十代、六十代の管理職になっています。先日、私立の中高の先生たちの集まりに呼ばれて講演をしたことがあるのですが、その打ち合わせの席でおしゃべりをしていたら、私を講師に呼んだ六十代の先生がたは（みなさん阪神間の有名校の校長や教頭になられていましたが）、「その手の学生」の三十年後の姿でした。「教師は反権力的な方がいい」という私の直感は、実践的にも裏付けられたのでした。

学びの基礎——扉を開く合言葉

「教育崩壊」の原因の一つに教師の「教育力」がなくなったという指摘がなされます。「教育力」というのは定義のきわめて曖昧な言葉ですが、仮にそれを子どもたちを「学び」

へと動機づける力と解釈するならば、教員たちが十分に「反体制的・反権力的」でなくなってしまったことが、理由の一つではないかと私は思っています。

若い教員を見ていると、雇用の安定を主な理由としてこの職業を選んだ人がずいぶん多くなっている。数年前に、「教育学部が人気学部になった」と聞いたときに、これは困ったことになったと思ったのですが、心配の通りになってきつつある。

現場の公立学校の先生に聞いても、子どもとかかわるのが大好きな、「先生になってほしい」というタイプの人は採用試験に落ち、「こんな人が先生になっては困る」というタイプの人（受験勉強ばかりして、教育そのものにはあまり関心がない人）が採用試験に受かる傾向が強まっているそうです。そういう先生は、実際に教室に出て行ってもどうしていいかわからない。生徒たちとアイコンタクトができないで、黒板ばかり見てぼそぼそしゃべっている。そのうちに鬱《うつ》になって長期欠席してしまう。

これは学校に限らないようです。他の職業でも、何十倍もの倍率を勝ち抜いて就職した若者が、入社して数週間で、上司にちょっと仕事上のミスを指摘されたくらいのことがきっかけで、出社しなくなり、精神科医の診断書を出して一年くらい休職したあと、そのまま辞めてしまったというような話をよく聞きます。

ずいぶん努力して獲得したポストなのですから、もったいないと思うのですが、どうも当人たちは自分が具体的にどういう仕事をすることになるのか、あまり考えないで就職先を選んでいるようです。

就活をしている学生を見ても、初任給や有給休暇や福利厚生施設や資本金や「御社の将来性」などについてはリサーチをしているようですが、肝腎《かんじん》の「入ったあとにどんな仕事をするのか」については、具体的なことをほとんど知らない。知らないし、それを知る術《すべ》を知らない。数値で示されるデータは集めるけれど、数値以外の情報はほとんど持っていない。それでは、会社に入ったあとに、「こんなはずではなかった」と言い出すのも当然です。

たぶん同じことが教職でもあるのでしょう。外形的な雇用条件だけを見比べて、「ほかの仕事よりも有利」と判断して教職を選んだ若者は現場に出てびっくりしてしまう。子どもは「なまもの」ですからね。教室で私語をしたり、立ち歩いたりしている子ども相手にどうふるまうべきかのノウハウは、「教育原理」や「教科教育法」の教科書には載っていない。

繰り返し申し上げているように、専門教育では、「どうしてこんな教科が存在するのか？」という根源的な質問はしてはならないことになっています。でも、現場ではいきなり「先生、なんでそこに突っ立ってるの？」という想定外の質問に直面することになります。若い先生たちは、こういうときに、どうすればいいのか習っていない。学校では、「習っていないこと」については「習っていません」と申告すれば、それ以上は咎められません。でも、現場は違います。「どういうふうに処理していいかわからない問題」にいきなり遭遇し、その場で即断即決で答えを出さないといけない。気の毒ですね。習ったことを覚えておきさえすれば満点がもらえる試験に受かって仕事を得たら、そこは「習っていないことについて即答すること」が要求される場であったわけですから。

そのための訓練を日本の学校教育は構造的に怠ってきた、というのが私の年来の主張であります。「どうふるまってよいのかわからないときに、適切にふるまう」能力の涵養こそが教養教育の眼目である、と。

前にも申し上げましたが、別にそれほどむずかしい話ではないんです。それが「学び」の基本なんですから。

わからないことがあれば、わかっていそうな人に訊く。

それだけです。

自分が何を知らないのか、何ができないのかを適切に言語化する。その答えを知っていそうな人、その答えにたどりつける道筋《みちすじ》を教えてくれそうな人を探り当てる。そして、その人が「答えを教えてもいいような気にさせる」こと。

それだけです。

「それだけ」というわりにはけっこう大仕事ですけれど。

喩えて言うと、こんな状況です。

道を進んでいたら、前方に扉があった。そこを通らないと先に進めない。でも、施錠してある。とんとんとノックをしたら、扉の向こうから「合言葉は？」と訊かれた。さて、どうするか。

「学び」とは何かということを学んできた人にとっては、答えは簡単です。

「知りません。教えてください」です。扉はそれで開きます。

「合言葉」というものはこれまでの道筋のどこかに置いてあったり、売っていたりして、それを自分はうっかり見逃したのだと思っている人は、あわてて来た道を戻ったりしますが、もちろんどこにもでき合いの「合言葉」なんか売ってはいません。学びの扉を開く合言葉は「知りません。教えてください」なんです。

簡単なようでけっこうむずかしい。

今は「扉」という喩えを使いましたけれど、実際には、きわめてパーソナルかつ具体的な「わからないこと」「できないこと」で立ち止まっている。これを言語化しなければならない。

自分が「できること」「わかっていること」を言語化するのは簡単です。私はこれができます。これを知っています。自転車に乗れます。オムレツが作れます。フランス語がしゃべれます。でも、「できること」をいくら列挙しても、今直面している問題は少しも解決されません。

今、自分に足りないもの、自分ができないこと、自分が知らないこと。その欠如や不能ゆえに、現に困惑していること。それをきちんと言葉にしないと、「支援を求める」ということはできません。

これはむずかしい。「ないもの」を言うんですから。「あるもの」を指称するのは簡単です。「ないもの」を名指すのはずっとむずかしい。

「教えてくれそうな人」を探し当てるのはそれほどむずかしくありません。ほんとうに困っているときというのは、人間は自分を支援してくれそうな人を群衆の中からもピンポイントで見つけられるものですから。

今から二十年くらい前ですけれど、スキーの夜行バスを東京駅前で待っていたことがありました。夜の十時頃です。一人の外国人が改札口を出てあたりをきょろきょろ見回している。そして、娘と二人でスキーをかついで立っている私を見つけると、まっすぐやってきて（三〇メートルくらい、人混みをかきわけて）、「ちょっとお願いしたいことがあります」と言ってきた。新幹線で大阪から着いたのだけど、車内にコートを忘れてしまった、というのです。それで、私が彼を駅の事務室に連れて行って、乗ってきた列車とだいたいの座席の位置とコートの柄を伝え、探してもらってコートが無事発見された。どうもありがとう。どういたしまして、ということでお別れしたのですが、後から考えて不思議だったのは、どうして東京駅頭の雑踏の中で、「英語が通じて、手助けをしてくれそうな人」を彼が一発でみつけたのか、ということです。でも、そういうことって、やっぱりわかるんですね。窮地に追い詰められると、そういうことについてのアンテナの感度が上がる。

「支援者は誰か?」というのは場合によっては死活的に重要な情報ですから、当然、すべての人間にはそれを感知する潜在的な能力が備わっている(はずです)。

「メンター(先達)は誰か?」というのも、それと同じ種類の死活的に重要な情報です。メンターというのは「私の知らないことを知っていて、私に教えてくれるはずの人」のことです。でも、私たちの前には無数の人がいる。みんな見知らぬ人たちです。その中のどの人が私に「私の知らないこと」を教えてくれると推定できるのか? なぜ、とりわけその人が私に教えてくれると推定できるのか?

理論的には、ありえないことですね。

でも、実践的には、私たちはそういう「ありえないこと」を日常的に行っている。おそらく、何度かの小さな失敗のあと、判断する力が身についたのでしょう。どうして自分がそれをできるのか自分では説明できないけれど、できることがあります。

私たちは自分の「メンター」を選ぶことができる。ただ、そのためには「場数《ばかず》」を踏まなければならない。手間暇がかかる。

そして、「扉を開く」ために最後にしなければいけないこと。それは「その人を教える気にさせる」こと。これはわりと簡単です。「ていねいに頼む」こと、これに尽くされます。「いいから、教えろよ」とせっついても教えてくれません。ものを教わるときには、きちんと敬意を以て接することが必要です。「お願いします」というのが「ものを教わるときのマジックワード」です。

『ゴーストバスターズ』で、ニューヨークの環境局の役人（ウィリアム・アサートン）が、ゴーストバスターズたちのオフィスの怪しげな「幽霊捕獲機械」を査察に来て、「地下室を見せなさい」とビル・マーレイを脅しつける場面があります。ビル・マーレイは「やだね」とにべもなく断ります。役人が憤然と「なぜだ」と訊くと、こう答えます。「あんたはマジックワードを忘れているから」

「マジックワードって？」

「Please」

そういうものですよね。

というわけですから、もし若い先生たちがはじめて教室に出かけたとき、子どもたちがたいへんワイルドで反抗的であったとしても、先生自身がきちんとした「学び」の基礎を身に付けていたら、いきなり精神科に駆け込むほどに困惑することはなかったでしょう。「こういうときはどうしたらいいんですか？」と「支援してくれそうな同僚」に訊けばいいんです。みんなそうやって経験を積んできたんですから。もし、それができないというなら、それはその先生自身に「学び」の基礎が身に付いていないということです。そして、「学び」の基礎が身に付いていない先生が「学び」の場を主宰するということは原理的に不可能なのです。

「でもしか教師」でいいじゃない

「でもしか教師」という言葉がありました。「教師にでもなるか」「教師にしかなれない」という弱いモチベーションで教師になった人が多かった時代の話です。私が高校生の頃、六〇年代まで、つまり日教組の組織率が九〇パーセントくらいだった時代までは、教師の怠惰や向上心の欠如を指すときによく用いられました。けれども、私は教師というのはもしかすると「でもしか教師」の方がいいんじゃないかなと思っています。

さきほど言ったように、戦前の初等中等教育を担った師範学校出の先生たちというのは、決してエリートではありませんでした。私の父のように貧家の少年は「教師にしかなれない」

のでしかたなく教師になったわけですから、あまり仕事が楽しくはなかったようです。実際に、父は二十歳になる前に、通勤するふりをして家を出て、そのまま船に乗って満州に出奔《しゅっぽん》してしまいます（逃げた先の満州でも、やっぱり仕事がなくて、小学校の先生をしばらくしていました）。

不思議なもので、本人はそれほど教師を厭《いや》がっていたのに、戦後ずいぶん経ってから、満州時代の教え子たちが父の消息を尋ね当てて、父のために謝恩会を開くという事件がありました。教え子の一人がたまたま当時、駐日ドイツ大使だったか領事だったかになっていたせいで、「美談」として新聞記事になりました。小学校の教師という仕事はほんとうにつまらなかったという愚痴を父から何度か聞かされていましたので、「先生は厭がって教えていたのに、生徒は感謝している」という逆説に驚いたことを記憶しています。

もしかすると、先生が教えるモチベーションが高いということと、生徒が学ぶことの間にはそれほど単純な相関関係はないのじゃないか。そんなふうに思います。

もちろん、まったく関係がないわけではない。でも、教師がある種の「型」をきちんと演じてさえいれば、先生の側のモチベーションが低くても、教育的情熱に満たされていなくても、子どもたちはきちんと学ぶべきものをその教師から学ぶのではないか。

木下恵介の『二十四の瞳』という映画があります。小豆島の小学校で教えることになった新任の大石先生（高峰秀子）と一二人の教え子たちとの交流を描いた「学校映画」の名作です。

昔、小さい頃にこの映画を見たときは、大石先生というのは素晴らしい先生だと思いました。こんな先生に就いて学べたらどんなに幸福だろうと思いました。ところが、数年前にDVDを買って、見返してみたら、驚きました。大石先生がまるで無能な先生だったからです。学校出たての若い先生だから仕方がありませんが、それにしても、仕事のできない先生です。何があっても、ただおろおろするだけ。在学中も卒業後も、教え子たちはさまざまな人生の困難苦境に直面するのですけれど、子どもたちに頼ってこられても、相談を求められても、大石先生は何の役にも立たない。ただ一緒に泣くだけで。

今だったら、教員免許更新のときに免許を剝奪されるのではないかと思われるほどに教育力のない大石先生なのですが、この無能な先生が子どもたちからは「理想の先生」として慕われている。そして、多くの日本人もその評価を受け容れ、それがベストセラーになり、映画化され、観客たちは感涙《かんるい》にむせんだ。映画を見て「なるほど」と思いました。それでいいのだ、と。

教師がひとりの個人として何ものであるか、ということは教育が機能する上で、ほとんど関与しない。問題は教師と子どもたちの「関係」であり、その関係が成立してさえいれば、子どもたちは学ぶべきものを自分で学び、成熟すべき道を自分で歩んでゆく。極端なことを言えば、教壇の上には誰が立っていても構わない。そうではないかと思います。これについてはジャック・ラカンが名言を残しています。

教えるということは、非常に問題の多いことで、私は今教卓のこちら側に立っていますが、この場所に連れてこられると、すくなくとも見掛け上は、誰でも一応それなりの役割は果たせます。（……）無知ゆえに不適格である教授はいたためしがありません。人は知っている者の立場に立たされている間はつねに十分に知っているのです。誰かが教える者としての立場に立つ限り、その人が役に立たないということなど決してありません。

（「教える者への問い」、『自我（下）』、小出浩之他訳、岩波書店、一九九八年、五六頁）

人は知っている者の立場に立たされている間はつねに十分に知っている。これほど「学び」のダイナミクスをみごとに言い当てている言葉はないだろうと思います。問題は「知っている者の立場に立つ」ということです。私は先ほど「ある種の型」という言葉を使いました。教師には教師の「型」というものがある。その「型」を過《あやま》たず演じていれば、先生が「知っているものの立場」に立っている限りは、子どもたちの「学び」の機会は担保される。

私たちの世代が教育を受けたのはまさに「でもしか教師」の全盛期です。どうすればこんな人が教師になれたのだろうと思われるような、かなり問題の多い方々が公立学校の教壇にはたくさんおられた。まったくやる気のない教師もいた。しかし、先生たちがそうであったから、私たちは勉強しなかったかというと、そうではない。私たちは実によく勉強しましたし、そのような先生たちからさまざまな人格的影響を受けました。私の知的なフォーメーションの基礎を作ったのは、間違いなくこの大田区の区立小学校、中学校の「でもしか」教師たちです。でも、私はこの時代の教員たちの方が、いうところの「教育力」が高かったとは思いません。そうだとしたら、一九六〇年代から後の教員養成にかかわる行政の施策はすべて失敗だったか、あるいは教育力を下げることをめざして行われたということになりますから。それでは文科省が気の毒です。

文科省は一貫して、「よい教師」を養成しようとしてきた。どういう教師像を以て「よい」とするかについては異論があるでしょうが、基本的には「よい教師」を養成しようとしてきた。しかし、育たなかった。それはなぜか。

五〇年代、六〇年代の教室では「学級崩壊」などまず見ることがありませんでした。子どもたちはおおかたまじめに授業を聴いていました。学力も運動能力もコミュニケーション能力も、どれも今の同学齢の子どもたちよりも、当時の子どもたちの方が総じて高かったように思います。当時の学校生活を覚えている方は、おおかたがこの判断に同意されるでしょう。では、何が変わったのでしょうか。

私は「よい教師」を育てるという基本の考え方そのものが間違っていたのだろうと思います。「よい教師」が「正しい教育法」で教育すれば、子どもたちはどんどん成熟するという考え方が、人間についての理解として浅すぎる。私はそう思います。

成熟と葛藤

先ほど、成熟は葛藤を通じて果たされると申し上げました。

子どもが成熟するのは葛藤を経由してです。それ以外に子どもが成熟する契機はありません。

子どもにとっての葛藤は、自分の成熟のロールモデルとするべき大人たちの言うことが「首尾一貫していない」というかたちで経験されます。父親の言うことと母親の言うことが違う。その親も昨日言ったことと今日言うことが違う。親たちと近所の大人の言うことが違う。学校の先生の言うこととも違う。先生たちもまたひとりひとり言うことが違う。

これが実は「違わない」んです。当たり前ですけど。「違う」ように見えるだけで。

例えば、親の言うことが昨日と今日とで「違う」。でも、親の人間そのものは変わっていない。ですから、これはあるレベルでは「違う」ように聞こえるけれど、実は同一人物が言っていることである以上、もっと深いレベルで見れば、「同じことを言い換えているだけ」だということがわかる。これは大人になるとわかりますね。子どもの頃は、どうして親の言うことはころころ変わるのか不思議でしたけれど、ある年齢になると、親はいつも同じことしか言わないということがわかってくる。それは親の心理の「深いレベル」にまで理解が届いたからです。親の子どもに対する期待や欲望や不安や幻滅がどういう「構造」の中で生まれたり消えたりしているかがわかれば、「親はいつも同じことしか言わない」ということがわかる。

小学校や中学校に進むと「うちの親とは違うことを言う」先生が登場します。子どもはふつう「先生の方が親よりも見識が高い」と思う。親の言うことはどうも俗で生々しいが、先生の言うことは禁欲的で、知性的に聞こえる。こっちの方がいい。子どもはそう思う。でも、そのうちに「親も先生も結局、言っていることは同じく俗だ」という結論に達する。必ず達する。達しなければ困る。これは親と先生のどちらもが「同じことを違う言い方で言っているだけだ」という「共通のレベル」にまで理解が深まったからです。それだけ大人になった、成熟したということです。そういうふうに子どもは必ず大人たちから「違うこと」

を言われると、それが「同じメッセージ」であるようなレベルを探り当てようとする。必ず、そうします。

反抗的な子どもほどそうですね。「大人Aはこう言っている。大人Bはこう言っている。大人Cはこう言っている。世の中はいろいろである」というような達観を述べる不良少年はおりません。絶対言いません。不良なら必ず「AもBもCも、大人の言うことなんか、みんな同じだよ」と言います。それが言えるように、A、B、Cが共通して自分に向けて発信しているメッセージを何とかして聴き出そうとする。そして、もちろん聴き出すことができる。というのは、大人が子どもに向けて発信するメッセージは結局は一つしかないからです。

成熟しろ。

これがすべてです。

そして、成熟というのは、「表層的には違うもののように聞こえるメッセージが実は同一であることが検出されるレベルを探り当てること」、これに尽くされるのです。

ほんとですよ。

「そんなはずはない」と言う人だって、自説を立証するために、必ずや私がこれまで縷々《るる》述べてきた、どれが頭か尻尾かわからないような話のすべてについて「要するにウチダが言わんとしていることは……にすぎぬのだ」という「まとめ」をするはずだからです。「あちらではAと言い、こちらではBという。ウチダの言うことはまことにとりとめがない」では内在的な批判にならない。批判を仕上げるためには、「ウチダはいつでもどこでも同じことを言っており、それは……である」という「表層的には違うように聞こえるメッセージが実は同一のメッセージの繰り返しであること」を言わなければならないのです。

ほらね。

それが成熟するということなのです。いつでも、どこでも、誰についてでも、プロセスは同じです。

自然科学だっていっしょですよ。表層的にはランダムに見える現象が実はある単一の法則に従って生起していることを論証するのが自然科学というものです。それは「違うように現出するものが実は同一のものの多様な現象にすぎない」ということを言うという点では、子どもの成熟のプロセスといっしょです。

先生の話でしたね。中学高校を出て、大学に入るとまた先生が出てきます。私のような「劫《こう》を経た」おじさんが登場する。そして、「これまでいろいろな大人たちから聞かされてきたこととぜんぜん違うこと」を言う。もちろん、「ぜんぜん違うこと」に聞こえるように、こちらが念入りに工夫しているわけですから、「ぜんぜん違うこと」のように聞こえるのは当たり前です。

それでも、学生諸君は考え込む。そして、私の言うことを理解したいと望む。「理解する」というのは要するに「既知と同定する」ことですから、これまでの二十年間に、出会ったすべての大人たちが彼らに向かって告げてきたことと「同じこと」を私もまた言っているはずであるが、それは「何か」というふうに問いを立てることになる。

それでいいのです。

これまで出会ったすべての大人たちが言っていることを私もまた言っている、という理解のレベルに学生たちはある日到達します。大人たち全員が異口同音に子どもや若者に告げているメッセージ、それは「成熟しろ」ということですから。そして、私もまた「ぜんぜん違うこと」を言うことを通じて、やはり「成熟しろ」というメッセージを繰り返しているにすぎないのだ、ということを理解する。でも、それを理解するためには、彼らは実際にその分だけ成熟しなければならないのです。成熟しないと、「ぜんぜん違うこと」が「実は同じこと」だという理路が成り立たないからです。私は自分のメッセージをかなりひねくれた隠し場所に置いてありますから、それが彼らの「知っているメッセージ」と同一であることを言い当てるためには、ずいぶんめんどうな隘路《あいろ》を歩き回らなければなりません。でも、その手間を惜しんで、探り当てないうちに、「あんたが何を言いたいか、全部わかったよ」と言えば、それでゲームは「終わり」です。知らないことを「知っている」と言って、それ以上の努力を止めたとき、その人の成熟は終わります。

成熟し続けようと思うなら、「違うこと」が実は「同じこと」であるレベルに出会うまで、深い穴を掘るしかありません。これが成熟というプロセスの動的な構造です。

自分がどういうふうに成熟するのか、なぜ成熟するのか、それを知るためには現に成熟するしかない。そして、子どもたちをこの成熟のダイナミックなプロセスに巻き込むためには、彼らを深い「葛藤」のうちに導くしかないのです。

「親族の基本構造」と教育制度

クロード・レヴィ＝ストロースは、「男の子」と「その母」と「その父」と「母方の伯叔父」の四人からなる四項構造を「親族の基本構造」と名付けました。これはインセスト・タブーと親族規則の発生を説明するためのモデルなのですが、私は成熟のモデル、あるいは教育のモデルとしても適用可能だろうと思っています。

男の子が成長するためには、親の世代に「三人」の大人が必要である。母親、父親、そして「おじさん」です。レヴィ＝ストロースが人類学的なリサーチで発見した規則は、世界中のすべての社会集団で、父親と「おじさん」は男の子に対して違う育児戦略を採用するということでした。父親が厳しく息子を育てる社会では、「おじさん」が甘やかす。父親と息子が親密な社会では、「おじさん」が小うるさいソーシャライザーの役目を引き受ける。父と「おじさん」は相補的に機能する。

男の子は同性の二人の大人、社会的威信において同格である大人、つまり成熟のロールモデルたるべき二人の大人から「違うこと」を教えられる。ふつうは一方が「大勢に順応し、みんなのふるまいのまねをし、悪目立ちしないこと」を教えます。他方は「孤立を恐れず、自説をまげず、競争に勝つこと」を教えます。「弱者の生存戦略」と「強者の生存戦略」と言い換えることもできますし、「生き残り戦略」と「勝ち残り戦略」と言い換えることもできます。これはどちらがいいというものではありません。人間が社会的に生きるためには、それぞれの戦略を適宜使い分ける必要があるからです。ともかく、子どもはそうやって、二人の同性の年長者から「違う生き方」をモデルとして指示される。その構造的葛藤の中で成長する。ですから、おそらく「おじさん」がきちんと機能している社会では学校や教師は必要がなかったと思います。

でも、私たちの時代はもう「親族の基本構造」そのものが解体しています。すべての女性に確実に配偶者を配当してきた親族組織も崩壊しましたから、女の子にも成熟戦略が必要です。となると、この「おじさん」（あるいは女児にとっての「おばさん」）の機能を何らかの社会的制度が代行するしかない。親の育児戦略とは違う戦略を子どもたちに突きつける、親と同程度の社会的威信をもつ人間が必要である。そうやって教師というものが要請されるに至った。

私は教育制度というものを、そういう人類史的な流れの中で理解したらどうかと思っています。

「坊っちゃん」的六類型

私が「よい先生」という条件を実定的に規定することはできないと考えているのはそのせいです。子どもに必要なのは、要するに親の育児戦略と違う仕方で子どもを葛藤させる人なんですから、一つのタイプに集約できるはずがない。

子どもを過保護過干渉で育てている親と葛藤させるためには、「子どもなんかほっとけばいいんだ」と考えている先生が似つかわしい。子どもを放任して、基本的なケアさえ怠るような親と葛藤させるためには、「子どもには手厚いケアと、支援が必要だ」と考えている先生が必要です。子どもを競争で勝ち抜かせて、格差社会の上位に格付けさせたいと願っている親と葛藤させるためには、「人間の価値は金や地位では測れやしない」と信じている先生がいい。いろいろなタイプの親がいるように、いろいろなタイプの先生がいる。ひとりひとりの子どもにとって、親のカウンターパートになるべき「おじさん」「おばさん」のタイプは全部違うからです。だから、「理想的な教師像」というものを単一のイメージで条件づけようとするのは、まったくのナンセンスだということになります。

成熟にとって理想的な学校というのは、「さまざまな別種のメッセージ」が飛び交っているところです。ただ、「さまざま」と言っても別にそれほど多種多様である必要はありません。前に「学校という制度は惰性が強い」ということを申し上げましたが、実は教師のタイプもいくつかに限定されているんです。あまりヴァリエーションがないし、その必要もない。

漱石の『坊っちゃん』には松山の中学で教える先生たちの鮮やかなスケッチが出てきます。校長の「たぬき」、教頭の「赤シャツ」、その腰巾着《こしぎんちゃく》の「野だいこ」、豪放な「山嵐」、弱気な「うらなり」、そして幼児的な「坊っちゃん」。

夏目漱石は二松学舎や東京帝大や松山中学や熊本の五高の教師たちを観察して、「おおよそ教師というのはこのような類型に帰することができる」と判断したのでしょう。

「赤シャツ」は漱石自身の「ネガティヴな自画像」だと言われています（帝大出で、洋書を読み、何かというと「西洋に比べて日本はダメだ」と文句を言うような教師は、松山には漱石一人しかおりませんでしたから)。とすると、もしかしたら「赤シャツ」に限らず、実は「たぬき」以下の全員が漱石の「アルターエゴ」ではないかという仮説も成り立ちます。

ジョン・キューザック主演の『アイデンティティ』という映画があります。これは多重人格者を構成する一〇人分の人格が分離して、それぞれ一人の人物となって、それが郊外のモーテルに集まって一夜を過ごすうちに、殺し合いが始まる……という興味深い設定の物語なのですが、「山嵐」と「坊っちゃん」が「赤シャツ」と「野だいこ」に天誅《てんちゅう》を加える『坊っちゃん』の設定は、もしかするとその先駆なのかもしれません。

たしかに夏目漱石のうちには「坊っちゃん」的幼児性があり、「赤シャツ」的スノビズムがあり、「山嵐」的偏執があり、「野だいこ」的俗情があり、「たぬき」的世知があり、「うらなり」的脆弱がある。

で、この六類型くらいで教師として学校に必要なタイプの「おおかた」のところは賄《まかな》えるのではないか。私はなんだかそんな気がするのです。現に、『坊っちゃん』以来、『二十四の瞳』や『青い山脈』を経由して、『金八先生』『ごくせん』に至るまで、学校を舞台にした物語は無慮数千数万と作られていると思いますが、そこに登場する教師の「類型」が『坊っちゃん』で列挙された六類型を超えたことはほとんどないような気がします。調整型で優柔不断の校長、野心的で陰謀家の教頭、その腰巾着、教育的情熱をなくした教師、正義感のつよい主人公と、それを陰で支える気弱な同僚……ということは、これくらいのタイプの教師がいれば、明治四十年代から後、だいたいどんな学校でも用が足りた、ということです。

そして、夏目漱石がその六類型を彼自身の「アルターエゴ」として分離しえたように、実は私たち教師は、誰でもが「たぬき」から「うらなり」までのさまざまな教師像を子どもたちの前で演じ分けることができるのではないかと思うのです。自分自身を顧《かえり》みて、なんとなく、できそうな気がするのです。できそうな気がするというより、そういうことをすでに無意識的にやってきたのじゃないか。ときどき「坊っちゃん」になって悲憤慷慨《ひふんこうがい》してみたり、「たぬき」になってぐふふと笑ったり、「赤シャツ」になってラカンだのレヴィ＝ストロースだのと西洋人の名前を列挙したりして。

第7講

踊れ、踊り続けよ

学びのシステムは存在するか

今日は師弟関係はシステムとしてマニュアル的に構築できるかという論件を提示してもらいました。発表者にいきなりこう言っては気の毒ですけれど、これはまあ無理だと思います。

原理的なところからお話ししましょう。発表者はどうやって「生徒、学生たちを学びの運動に巻き込むか」という問題の立て方をしていました。もし教師の側が「巻き込む」主体であり、子どもたちが「巻き込まれる」対象であるという二項的な関係としてとらえているとすると、たぶん問題をとらえ損なっているのではないかと思います。学びのプロセスの中に人が巻き込まれるというのは、どこかに「巻き込む」ことを企画したり、設計したり、操作したりしている主体があるからではありません。学びにおいて、人を操作的に学びに巻き込む主体は存在しない。このことを最初にはっきりさせておきましょう。

教師というのは、生徒をみつめてはいけない。生徒を操作しようとしてはいけない。そうではなくて、教師自身が「学ぶ」とはどういうことかを身を以て示す。それしかないと私は思います。

「学ぶ」仕方は、現に「学んでいる」人からしか学ぶことができない。教える立場にあるもの自身が今この瞬間も学びつつある、学びの当事者であるということがなければ、子どもたちは学ぶ仕方を学ぶことができません。これは「操作する主体」と「操作される対象」という二項関係とはずいぶん趣《おもむき》の違うもののように思います。

前にラカンを引いたときに、教師が教師として機能するのは教壇に立っているからだと申し上げました。「人は知っている者の立場に立たされている間はつねに十分に知っている。教える者としての立場に立つ限り、その人が役に立たないということは決してない」。ラカンはそう言っていました。「教壇に立つ」というのは、そのこと自体が「私は教育の有効性を信じている」と信仰告白することです。

私もまたかつては教壇の「そちら側」に座っていて、師の言葉を書き取っていた。今、私は教壇の「こちら側」に立っていて、私の言葉を書き取らせている。そういう立場になることになったのは、私がこの「教壇をはさんで成立する関係」を信じたからである。その関係を信じるものは、いずれこの教壇の「こちら側」に立つことができる。教師は教壇に立っているだけですでに無言のうちにこれだけのことを述べているわけです。何も言わなくても、何もしなくても、「私は教壇をはさんで行われる知の運動を信じる」という信仰告白を、教師は教壇のこちら側に立つことによってすでになし終えているのです。

それは言い換えると、「私もかつては師の弟子であった」と告げるということです。「私には師がいた」というのが、教師が告げるべき最初の言葉であり、最後の言葉なのです。教壇をはさんで行われる知の運動を信じるというのはそういうことです。

ですから、学びの場というのは本質的に三項関係なのです。師と、弟子と、そして、その場にいない師の師。その三者がいないと学びは成立しません。さきほどの発表者が「教育におけるインプリケーションのためのシステムの構築」ということを述べたときに言い落とされていたのは、「(その場にいない)師の師」のことです。そして、この「(その場にいない)師の師」こそが、学びを賦活《ふかつ》する鍵《かぎ》なのです。

「述べて作らず」

「述べて作らず、信じて古《いにしえ》を好む」というのは『論語』の「述而篇《じゅつじ》」にある言葉です。

「述べて作らず」とは、「私が教えていることは、私のオリジナルではありません。私は先賢の教えを祖述《そじゅつ》しているにすぎません」という意味です。「今から私が話すのは、私が先人から聞いた話です」というのが、教える者がその教えの冒頭に置かなければならない言葉である。孔子はそう教えています。

孔子はご存じのとおり、春秋戦国時代の魯《ろ》の国の人です。その孔子が徳治の理想としたのは、周公旦《しゅうこうたん》の政治でした。周公が魯を統治していたのは、孔子の生きていた時代よりも五百年前の話です。孔子が諸国を遊説して周公の政治を称えたときに、魯の国の人は周公のことなどほとんど記憶しておらず、わずかに民間の口頭伝承が残っているだけでした。孔子はそういうほとんど忘れ去られていた政治的伝統の継承者という立場から政治理論を説いたのです。かつてすばらしい政治が存在したが、それが失われた。私たちはそれをもう一度構築しなければならない。孔子はそういう話型でその弟子たちに政治を語ったのです。そして、その孔子の教えもまた「子曰く」というかたちで、弟子がそれを聞き取って祖述したものとして伝えられています。

これがあらゆる「教え」の基本です。

すべての重要な教えは「そのオリジナルはもう消失したが、それを聞き取った記憶は残っているので、それを祖述する」というかたちをとります。

「如是我聞《にょぜがもん》」で始まる仏教の経典がそうですし、キリスト教の福音書もそうです。ユダヤ教のタルムードでもそうです。イスラム教のコーランもそうです。教祖の「手書きオリジナル」を聖典にしている宗教はありませんし、教えの中心となる人物はその人自身が神であるのではなく、神から言葉を託された人です。孔子が「述べて作らず」と言ったのは、私は「預言者」であり、私の言葉の起源は私の中にはない、ということです。

でも、実際にはこれは孔子のオリジナルなんですね。実は祖述者が「祖述」というかたちで起源を創造しているのです。でも、「私が創造者である」とは名乗らない。そう名乗ると、教えが効果的に宣布されないことを祖述者は知っているからです。

不思議なことですけれど、「私自身が私の語っている言葉の起源である」と言うと信用されず、「私は『先賢の語った言葉』を繰り返しているにすぎない」と言うと信用される。はるか遠い過去に、「起源」が存在する。それから時代が下り、はるかに頽落《たいらく》した状態に私たちはいる。けれども、私たちはかつては「黄金時代」を有したことがある。私はその「起源」の記憶をとどめる最後の語り部である。私たちはそこに立ち戻らなければならない。そこに至る道を私は知っている。というのが「祖述者」の言い分です。

教祖は実際に人々の前で「奇跡」を起こしてみせなければならない。おそらく世界宗教の多くの「教祖」はほんとうに超常的な現象を起こしてみせたのでしょう。そうでなければ人が集まらない。でも、とりあえず「超常的な現象」であると信じる人が一定数そこで確保できれば、そこからあとは祖述者の仕事なわけです。

私が「教祖」ですと言ったら、「じゃあ、奇跡をやってみせて」と言われたときに「できません」というわけにはゆかない。「今日は、ちょっと風邪気味なので」というような遁辞《とんじ》は許されない。でも、祖述者なら「奇跡」を起こす必要なんかない。「私は師の偉大なる奇跡を伝えるだけです」と哀しげに言うだけでいい。「師は水を葡萄酒に変えた。石をパンに変えた。死んでから三日後に蘇った」と遠い目をして語るだけでいい。私にはそんなことはとてもできませんと言えば言うほど、師の偉大性は亢進《こうしん》する。逆にその奇跡を「やったのは私です」と言うとただちに挙証責任が発生する。「ここがロドスだ、ここで跳べ」とまわりからせっつかれる。

孔子の言う「周公旦の徳治」というのは、なかば以上孔子の作り話なのだと思います。そんなもの孔子だって見てきたわけじゃない。「そういうふうな政治体制があったらいいな」という願いが、「そういうふうな政治体制がかつては存在した」という断定にかたちを変えたのでしょう。失われた黄金時代を回顧していれば、「かつて一度は存在しえたものであれば、それをもう一度再建することも可能である」という遂行的な命題にシフトできます。これが「かつて一度もこの地上に存在したことのない理想的な政治体制を作りましょう」と言ったのだったら、どうでしょう。「かつて一度も地上に存在したことのない制度」であるというだけで、「無理そう」とふつう思います。「人間の能力を超えているのではないか」「そもそも人間性になじまないのではないか」という疑義だって出てくる。だから、「かつて一度も存在したことがないもの」を本気で実現したいと望んでいる人は必ず、「それはかつて一度存在したが、私たちが堕落したせいで消失したのである」という話型を採用する。必ず採用します。制度の改革を求める人でこのロジックを用いない人はいません。人間のパフォーマンスというのは、課題が「一度はできたこと」であるか「一度もできなかったこと」であるかによって、大きく変わるからです。

第二次世界大戦中の原爆製造のマンハッタン計画をご存じですか。核兵器の開発はドイツでも並行して行われていて、アメリカは原爆製造で一歩先んじたわけですが、そのときにアメリカが極秘にしていたのは、原爆製造の工程ではなく、「原爆は製造可能である」という事実の方だったのです。原爆の場合は、核分裂の連鎖反応で地球そのものが吹っ飛ぶのではないかという仮説が、最後まで実験をためらわせていた。「アメリカが作れるなら、自分たちも作れるはずだ」という信憑がどれほどドイツ人のパフォーマンスを活性化するか、マンハッタン計画にかかわった人々は知っていたわけです。

「起源」という神話

学校も原理的には教会と同じです。教師は「教祖」である必要はない。「祖述者」であればいい、というか、祖述者でなければならない。

教師は教壇のこちら側にいる限りは、つねに何かを教えることができます。それは、教師たちは長い、いつ始まったとも知れない、おそらく人類と同じぐらい古い起源を持つ「学校という制度」の最後の継承者として、いま教壇に立っているという物語になっているからです。

だから、教師が言うべきことは一つだけです。それは、孔子の場合と同じく、遠い目をして、「かつて学校というところが素晴らしく機能していた時代があった」ということです。教師が深く敬され、子どもたちが目を輝かせて知的な興奮に身を震わせていた時代がかつてはあった、と。それが今は失われた。だから、それを再構築しなければならない。学校という制度が仮に今きちんと機能していなくても、そのことは教師の権威を少しも損なうものではありません。というより、今まさに機能していないという当の事実が、「かつては学校が学ぶことの喜びに満ちていた『黄金時代』が存在したのだ」という言葉をいっそう切実なものとして響かせるのです。

はっきり言いますけれど、実は、学校というのはどの時代であれ一度として正しく機能したことなんかないのです。私はここまで「一九五〇年代、六〇年代の学校は今よりずっときちんと機能していた。その頃の教師は教師らしく、子どもたちは学ぶ意欲にあふれていた」と繰り返し言ってきておりますけれど、あれは「嘘」とは言わぬまでも、半分がた「誇張」です。そんなわけないじゃありませんか。

五〇年代、六〇年代の学校だって、その時代にはその時代固有の困った問題がいっぱいあったわけです。体罰だってあったし、「ひいき」だってあったし、もちろん「いじめ」だってあったし、子どもから見ても「いかがなものか」と思うようなレベルの低い教師、マナーの悪い教師もいました。私は中学までは優等生（のふり）をしていたので、体罰を受けることは少ない方でしたけれど、それでも廊下で行き違いに（胸の名札が少し傾《かし》いでいたというだけの理由で）びんたを食らったり、他のいたずらをした生徒と間違えられて、血相を変えた教師にいきなり張り倒されたり、理不尽な体罰を受けたことがあります。それは深い傷になって今でも残っています。

でも、不思議なもので、それから三十年、四十年経つと、たいていの人はそのころの学校が理想的な場所であったように思えてくる。「いじめ」に遭ったり、教師に殴られたり、受験勉強ばかり強制されてうんざりしていたはずの私にもそう思えてくる。だいたい、私は高校を中退しているんですからね。行くのが厭で。そういう人間が、「六〇年代の都立高校には自由があった」というふうに夢見がちに回想している。どちらがほんとうなのだというと、これはどちらもほんとうなのです。リアルタイムでは学校にうんざりしていた。でも、回想の中では美化されている。そういうふうにして記憶を偽造すること自体が「理に適《かな》っている」と思った方がいい。「今はダメになったが、かつてはうまくいっていた」というふうに考える方が、「昔もダメだったし、今もダメである」という認識の仕方よりも、教育にかかわる人々のモラルを維持する上では有効だからです。そのことを、私たちは経験的にみんな知っている。

これまで私は「一九五八年、五九年は日本の黄金時代」であるとあちこちに書いてきました。もちろんこれも「話半分」に聴いてもらわなければ困ります。そういうことを言い出したのは、ここにいるみなさんのように「一九五八年、五九年の日本」を実際に見たことのない人が国民の過半数に達したあたりからですね。知っている人間の中には「それは違うだろう」と言う人がいるかもしれませんけれど、生まれてない人が相手なら、こちらは「言いたい放題」です。

「そのころの日本はすごくよかった」とこちらが熱く語れば、聴く方は、「あ、そうなんだ」と思ってくれる。「一度はそんないい時代もあったんだ」と思ってくれる。そうすると、このろくでもない世の中にもまだ希望がないわけじゃないと思ってくれる。一度は「いい時代」を作ることができた日本人にそれを再構築できないはずはない、と。

必要なのは「あるべき社会」についての「正しい情報」ではありません（あるべき社会についてのほんとうに「正しい情報」というのは、「そんなものはかつて存在したことがないし、これからも存在しない」です）。そうではなくて、「あるべき社会」を構築「する気」に私たちがなるかどうか、です。「正しい情報」を提供することが、人間が世の中を少しでも住みよくする努力に「水を差す」ことになるならば、「正しい情報」なんか豚に食わせろ。少なくとも、私はそう考えます。

「学び」の場合も同じです。「学ぶに足るものが学びの先にあるのかどうか、それをあらかじめエヴィデンス・ベーストで提示せよ」というような言い分を受け容れたら、学びは起動しません。それは「如是我聞」とお経を読み出した僧侶に向かって、「あんたほんとに仏陀に会って、その耳で聞いたのか」と凄《すご》んでみせるようなものです。理科の時間に「ブラックホールも素粒子も私は見たことがない。私を信用させたかったら、ここに雁首《がんくび》揃えて持ってこい」と息巻いている中学生のようなものです。

「あんた、それ見たんか？」というのは私たちの言語圏ではよく使われる「合いの手」ですが、それに対しては「見てない。けれども、信じる」というパセティックな決断を以て応じるしかないのです。

師の師

教師が教壇から伝えなければいけないことは、ただ一つです。

「私には師がいます。私がここでみなさんに伝えることは、私が師から伝えていただいたことの一部分にすぎません。師は私がいま蔵している知識の何倍、何十倍もの知識を蔵していました。私はそこから私が貧しい器で掬《すく》い取ったわずかばかりの知識をみなさんに伝えるためにここにいるのです」

これで十分なのです。自分の師に対する畏敬の念、それに比べたときの自分の卑小さ、それを聴き手に理解させれば、それだけでもう教育は十分に機能する。それはつまり「今私たちがいるこの学びの場は、『ほんとうの学びの場』の頽落したかたちにすぎない」と告げることです。「ほんとうの学びの場」と外形的には似ているかもしれないけれど、その偉大さや輝きや深みにおいて、遠く及ばないものである。そのような謙抑《けんよく》の態度を教師は持たなければならない。別に口に出して、「ここはダメだ。私はバカだ。だからバカに教わるキミらもバカだ」というようなことを言う必要はない。というか、そんなことをしても教育的には有害無意味です。そうではなくて、心の底から、「ほんとうの学びの場」を希求している。私が構築しているこの「学びの場」はまだまだ完全というには遠く足りない。それを私は残念に思う。それだけで十分なのです。

エマニュエル・レヴィナスは、タルムードの上に身をかがめ、聖句の注解について終わりなき問答を続ける師弟の姿のうちに、シナイ山において律法の石板を前にしているモーセと神の対面の「反復」を見ました。

> 一つの精神がおのれの外部にある別の精神と触れるのに用いうる唯一の道具、それが知である。モーセが神と顔を向き合わせて語ったという伝承は、弟子と師が二人ともタルムードの同じ教えの上に身をかがめて研究しているさまを意味していると賢者たちは語り伝えている。
>
> (Emmanuel Lévinas, *Difficile Liberté*, Albin Michel, 1963/76, p.49)

これは伝統的なタルムードの学院の風景でもありますし、レヴィナス自身がその師モルデカイ・シュシャーニに、パリのレヴィナスのアパルトマンの一室でタルムード注解を学んでいたときの現実の光景でもあります。その関係は「預言者と神の対面」の反復であると「賢者たちは語り伝えている」。「同一の関係が反復されている」と「伝えられている」というふうに、ここには二重の壁が「起源」に触れることを阻んでいます。起源に直接触れることはできない。けれども、起源を模すことはできる。師弟のかたちを起源における神とモーセのそれに近づけようと無限の努力をすることはできる。そして、二重の壁がこの努力への意欲を萎《な》えさせるのではなく、むしろ掻《か》き立てている。起源への欲望を賦活《ふかつ》している。これは学びの構造の「プロトタイプ」と申し上げてよいでしょう。起源が遠ければ遠いほど、「学び」への欲望は活性化する。

ジャック・ラカンは一九六〇年代のフランスにおいて、分析家だけでなく、実に多くの人々から「師」と仰がれましたが、そのラカンが行ったのはすべて「フロイトの注解」です。「フロイトに還《かえ》れ」とラカンは言い続けました。すべてはそこにすでに書いてある。私はそれを祖述しているだけである、と。

レヴィナスも同じです。ものを考える術を私は「師」と呼べるただ一人の人から学んだ、と。シュシャーニ師に出会うまでのレヴィナスは、ある意味では「哲学の規則」の内側の人でしたが、師に出会ったことによって、そこから大きく逸脱してゆきます。それまでヨーロッパのどんな哲学者も採用しなかったような大胆な用語法、大胆な記述形式で、それまでヨーロッパの哲学者が誰も言わなかったことを書き始める。

不思議な話ですけれど、レヴィナスが「レヴィナス哲学」の語り手になるためには師に出会う必要があった。けれども、レヴィナスがその師から教わったのは、哲学ではなくて、ユダヤ教の教典であるタルムードの、それも「アガダー」と呼ばれる一領域についての解釈の仕方だけだったのです。つまり、レヴィナスの知的可能性を開花させたのは、師から「教わったこと」ではなくて、「師を持ったこと」という事実そのものだったということです。「学び」を通じて「学ぶもの」を成熟させるのは、師に教わった知的「コンテンツ」ではありません。「私には師がいる」という事実そのものなのです。私の外部に、私をはるかに超越した知的境位が存在すると信じたことによって、人は自分の知的限界を超える。「学び」とはこのブレークスルーのことです。

ブレークスルーというのは自分で設定した限界を超えるということです。「自分で設定した限界」を超えるのです。「限界」というのは、多くの人が信じているように、自分の外側にあって、自分の自由や潜在的才能の発現を阻んでいるもののことではありません。そうではなくて、「限界」を作っているのは私たち自身なのです。「こんなことが私にはできるはずがない」という自己評価が、私たち自身の「限界」をかたちづくります。「こんなことが私にはできるはずがない」という自己評価は謙遜しているように見えて、実は自分の「自己評価の客観性」をずいぶん高くに設定しています。自分の自分を見る眼は、他人が自分を見る眼よりもずっと正確である、と。そう前提している人だけが「私にはそんなことはできません」と言い張ります。でも、いったい何を根拠に「私の自己評価の方があなたからの外部評価よりも厳正である」と言いえるのか。これもまた一種の「うぬぼれ」に他なりません。それが本人には「うぬぼれ」だと自覚されていないだけ、いっそう悪質なものになりかねません。

ブレークスルーとは、「君ならできる」という師からの外部評価を「私にはできない」という自己評価より上に置くということです。それが自分自身で設定した限界を取り外すということです。「私の限界」を決めるのは他者であると腹をくくることです。

他者が「私の限界」を決める。これは孫悟空における「緊箍児《きんこじ》」の機能に似ています。この金輪が頭にはまっているせいで、孫悟空は三蔵法師が「ダメ」というまでは自分の能力を無制限に発揮することが許されます。だから、自分で自分の限界について考える必要がない。やり過ぎたら、「先生」が「止めどき」を教えてくれる。実際には、人任せの「止めどき」などというものはないのです。でも、それが「ある」と想定すると、人間のパフォーマンスは爆発的に向上する。そういうものなのです。

古典を学べ

師が教壇で言う言葉は古今東西どこでも同じです。師は「古典を学べ」と言う。それだけです。

そう言うだけでいいんです。師自身が古典に通《つう》暁《ぎょう》している必要さえない。

玄《げん》奘《じょう》三蔵は物語的には青坊主です。教理に通じた高僧ではない。けれども、他の誰よりも「古典に学ぶ」ことを切望している。起源に還ることの重要性を痛感している。だから、彼は師になる資格がある。起源に還り、古典を学ぶことを「必要である」と思ってさえいれば、その人はすでに師として機能し始める。現に、三蔵は「悪童」たちをちゃんと成熟の歴程に送り出します。

江戸時代、明治のはじめまで、日本の子どもたちは『四書五経』の素読からその学問を始めました。『大学』『中庸』『論語』『孟子』『易《えき》経《きょう》』『書経』『詩経』『礼《らい》記《き》』『春秋左《さ》氏《し》伝《でん》』。中国で科挙の試験のために用いられた知識人の基礎教養です。俗世における実用性とか、功利性という点でいえば、そのコンテンツの価値はゼロです。そんなものを日本の田舎の子どもが暗記したって、それによって現に生きている場所で生かせるような実用的な知識や技術が身につくわけではない。にもかかわらず、その素読が義務づけられた。「素読」というのは語句の意味はわからなくてもいいから、とにかく音読して暗記しろ、ということです。玉木文之進は、幼い吉田松陰を畦道《あぜみち》に置いて、畑を一畝《ひとうね》掘り起こして戻ってくるまでに、指定した箇所を暗記しておけという教え方をしたそうです。覚えていないと殴ったらしい。

そういう勉強法がずっと行われてきた。ずっと行われてきたのはそれが実際に教育的に有効だったからですね。「古典に還れ。必要なことはすべてそこにすでに書かれている」という信憑を刷り込むことがその目的なのですから、それでいいのです。

自分が現に経験的に熟知している世界。リアルな世界。人々があくせくと働いて、愛したり、憎んだり、生まれたり、死んだりしている世界がここにある。それとは違う境位に、「外部」が存在する。そこに永遠の叡智《えいち》がある。自分のいる世界とは違うところに叡智の境位がある。それを実感しさえすれば、「学び」は起動する。あとは、自分で学ぶ。

何度も言っていることですけれど、人間は自分が学びたいことしか学びません。自分が学べることとしか学びません。自分が学びたいと思ったときにしか学びません。

ですから、教師の仕事は「学び」を起動させること、それだけです。「外部の知」に対する欲望を起動させること、それだけです。そして、そのためには教師自身が、「外部の知」に対する烈《はげ》しい欲望に現に灼《や》かれていることが必要である。玉木文之進の教育が成功したのは、覚えてないとぶん殴ったからです。幼い甥《おい》に素読をさせて、覚えていないとぶん殴る。

それは文之進自身が古典の叡智を心の底から信じていなければできないことです。古典を理解することへの烈しい欲望、それが知的外部へ到達するための唯一の回路だと信じていなければ、そんなことはできない。幼い甥を天下須要《しゅよう》の高士たらしめるという教育的責務を託された人が、確信をこめて選んだ教育方法が「古典の素読」だった。それは要するに「外部を欲望せよ」というメッセージに尽くされます。

羊男の教えること

「私の外部」にある叡智の境位を信じること、それが「学び」の契機であるということをここまで申し上げてきました。「学び」とは端的にこの起源に対する「遅れ」(après-coup)の感覚のことです。気がついたら、すでにゲームは始まっており、自分はそのゲームにプレイヤーとして参加させられていた。ゲームのルールがどういうものか、自分の役割は何かについて、予備的な説明はなにもない。でも、ゲームはおかまいなしに、どんどん進行する。どうプレイしていいかわからないけれど、適切なプレイをしなければならない。不適切なプレイをしたら何が起こるか。どういう「罰」があるのか。それさえ教えられていない。とりあえず適切にプレイしている限りゲームは続く。

この状況をたいへん文学的に記述した文章があります。

「(……) あんたも出来るだけのことをやらなくちゃいけない。じっと座ってものを考えているだけじゃ駄目なんだ。そんなことしてたって何処にもいけないんだ。わかるかい?」

「わかるよ」と僕は言った。「それで僕はいったいどうすればいいんだろう?」

「踊るんだよ」羊男は言った。「音楽の鳴っている間はとにかく踊り続けるんだ。おいらの言ってることはわかるかい? 踊るんだ。踊り続けるんだ。何故踊るかなんて考えちゃいけない。意味なんてことは考えちゃいけない。意味なんてもともとないんだ。そんなこと考えだしたら足が停まる。一度足が停まったら、もうおいらには何ともしてあげられなくなってしまう」

(村上春樹、『ダンス・ダンス・ダンス(上)』、講談社、一九八八年、一五一頁)

これはある意味ではメンターとその弟子の間で交わされる対話の原型的なかたちのものと言ってもいいでしょう。

村上春樹の物語世界における「羊男」というのは、たいへんにわかりにくい登場人物です。主人公の「僕」のアルターエゴだと言ってもいいかもしれない、「鼠」や「五反田くん」と同じように。でも、羊男が彼らと違うのは、彼の機能が「配線を結びつけること」にあることです。村上春樹は「師」という役柄の登場人物をみごとにどの小説においても一度も登場させませんが（おそらく「父」や「師」の導きによる自己超越という機制に対して、個人的にこだわりがあるのでしょう）、その代用品として、繰り返し、「線を結びつける人」が登場します。機能的にはメンターと同一の存在とみなすことができます。

彼の仕事は、「線を結びつける」ことです。別に「僕」に何か実定的に有用な情報をもたらすわけではありません。彼が伝えるのは、ただ「君は他者たちと繋がっている」、「繋がらなければならない」ということ。いずれ正しい「脈絡」に繋がりたいと望むなら、とりあえず「踊り続けろ」ということ、それだけです。でも、これはまさにメンターがその弟子に伝えるべきメッセージそのものなのです。現に、羊男は「踊るんだよ」の前に、自分の立場をこう説明しています。

「ここでのおいらの役目は繋げることだよ。ほら、配電盤みたいにね、いろんなものを繋げるんだよ。ここは結び目なんだ——だからおいらが繋げていくんだ。ばらばらになっちまわないようにね、ちゃんと、しっかりと繋げておくんだ。それがおいらの役目だよ。配電盤。繋げるんだ。あんたが求め、手に入れたものを、おいらが繋げるんだ。わかるかい？」

「なんとか」と僕は言った。

「さて」と羊男は言った。「そして今、あんたはおいらを必要としている。あんたは混乱しているからだ。あんたは自分が何を求めているのかがわからない。あんたは見失い、見失われている。何処かに行こうとしても、何処に行くべきかがわからない。（……）それであんたは混乱しているんだ。自分が何にも結びついてないように感じられる。そして実際に何にも結びついていないんだ。あんたが結びついている場所はここだけだ」


（同書、一四八頁）


羊男の言う通りです。メンターが言うべき言葉はそれです。「君がとりあえず繋がっている唯一の場所はここだ。だから、ここから外部への回路は始まらなければならない」。弟子がそれにうなずいたら、あと「踊り続ける」のは弟子の仕事です。メンターにはもうすることはありません。

羊男が「僕」のメンターでありうるのは、彼もまた自分の「起源」を知らないからです。どこから来たのか、なぜここにいて、僕に「こんなこと」を告げているのか、その理由を言えない。その構造的な無知が彼にメンターの機能を賦与しているのです（『追われて森に入った。ずっと昔のことだけどね。思い出せないくらい昔のことだよ。その前おいらが何だったかもも う思い出せない」、同書、一四七頁)。

教師が教師であるための条件は、まさしく自分がどうしてここにいるのかを言えないというこ とです。メンターは、なぜ私はほかならぬ自分の前にいるこの人に「繋がる」ことの必要性を告げなければならないのか。それを言えない。なぜなら、彼もまた「すでに始まったゲームに、遅れて参加してきたプレイヤー」の一人だったからです。彼がボールを次のプレイヤーにパスするのは、彼もまた前のプレイヤーからパスされたからです。彼もまたずいぶん長い間ちゃんとステップを踏んで「踊り続けて」きたからです。そして、この目の前の青年を他の場所、他の人々、他の時間と「繋げること」が彼にとっての「正しいステップ」だということがわかっているからです。

「踊り続ける」こと、これが「遅れてやってきたプレイヤー」がゲームを続けるための、唯一の方法です。そして、私たちは全員、構造的に起源に遅れてきたものである以上、これは私たち全員に課せられた仕事でもあるわけです。

「踊る」というのは実にすぐれた比喩だと思います。ダンスのステップというのは、あらかじめ動きを決めておいて、それをなぞるものではありません。短時間なら「振り付け」のついたダンスも可能でしょうが、それではエンドレスに「踊り続けること」はできない。踊るのは足です。頭でステップを考えて、それを中枢から末端に伝えて、筋肉運動を指示するような手間暇をかけていたら、踊れない。足が自分で考える。このステップがとりあえず「合っている」かどうかは足が知っている。だから、どう踊っていいかわからないときでも踊り続けることができる。場合によったら、周りから拍手喝采を浴びるような華麗なステップを切ることだってできる。

「学ぶ」人がしなければならないこともそれと同じです。「曲」を聴いて、それに「乗る」こと。どうしてこの曲なのか、どうしてうまく踊らなくちゃいけないのか、踊り終わると何があるのか。そういうことは考えてもしかたがない。考えたら足が停まる。足が停まったらゲームが終わる。気遣わなければならないのは、とりあえずは自分が「ちゃんと踊っているかどうか」だけなのです。

第8講　「いじめ」の構造

「生徒が理解できない」

今日は「いじめ」という重い問題を提起していただきました。

先日、諏訪《すわ》哲二さんと対談したときにもこの話が出ました。学校における登校拒否やいじめ、学級崩壊に至る経年変化を踏まえて、それがいつごろから大きく変わったのかというのがそのときの話題の中心でした。

一九七〇年代の前半までは全国学園紛争があって、学内暴力というのは、大学での出来事でした。その後、大学紛争がドミノ倒しで伝わったかのように、高校、中学が「荒れて」きました。最終的に、八〇年代中ごろに小学生が教師を刺すという事件が起きます。

学内暴力の一方向的な年齢低下現象。当時のメディアは、それを説明するのにたいへん苦心しました。当時、『朝日新聞』に「いま学校で」という特集のシリーズ記事があり、諏訪先生によると、それが当時の教育論を代表する論調を提示したのだそうですが、それは「すべては管理教育が悪い。子どもたちは学校という抑圧的な管理制度に対して自由を求めて爆発している」という説明でした。六〇年代、七〇年代の大学紛争のときに、活動家の学生たちが自分たちの暴力を正当化するために用いたロジックをそのまま初等中等教育の場に適用したのです。恥ずかしながら、私自身もその当時はこのロジックを受け容れていました。子どもが荒れるのは、管理教育のせいである、と。わかりやすい喩えですからね。風船だって押しつぶせば爆発する。それと同じだ、と。知的負荷の少ない説明に人は飛びつきます。有効な反論も出ないままに、「管理教育悪人説」が定説となりました。そして、いかに管理教育を廃して、子どもたちが自由に主体的に学ぶようにさせるか、ということが教育改革の主要な目標として国民的な合意を得ました。

　八〇年代には私はもう大学生ではありませんでしたし、小学校とも中学校とも疎遠でしたから、子どもたちが管理から解放されるべきだという議論にはまったく違和感を持ちませんでした。管理強化はいけないと言われれば子どもも親も喜ぶ。教師だって管理しなくて済むなら、そちらの方がありがたい。学校は自由な方がいい。一般論としてはみんなが合意した。

　ところが、すべて学校の中で起こっている問題は管理教育のせいだ、受験勉強の圧力のせいだという、非常にシンプルなストーリーにみんなが飛びついたせいで、「本当は学校で今何が起こっているのか？」という問いをつきつめる作業を私たちは全員が放棄してしまった。

一九八〇年代から後、私たちは学校で何が起きているのかについて思考停止に陥っていました。問題が起きるたびに「管理教育・受験のストレス」といった言葉を繰り返すだけで済ませていた。よく考えればその説明が成り立たないことはわかっていたはずです。

というのは、七〇年代後半になって、紛争後の大学が、次々と郊外に移転し、校舎の扉が施錠されてカードキーがないと学生が校舎に入れないようになり、自治会がつぶされるという徹底した管理教育が行われた結果、その「成果」として、大学における校内暴力はほぼ根絶されたからです。管理教育を徹底したら大学では暴力がなくなった。これは動かし難い歴史的事実です。でも、その事実が「管理教育が暴力を生み出す」という説明と背馳《はいち》するということを誰も指摘しなかった。

「受験のストレス」が子どもたちを荒れさせるというのも説明としては成り立ちません。「受験地獄」というのは団塊世代のときにいちばんすさまじかったわけで、その後、母親たちの悲願である「高校全入」運動が行われ、日本中に「駅弁大学」と言われるほどに大学が林立し、上級学校に進学するということに関しては、年を追って子どもたちの負荷は軽減していったはずだからです。

管理強化は大学では校内暴力の抑止に現に効果的であった。受験のストレスは年々緩和されている。この誰でもが実は熟知している事実を「知らないこと」にして、日本人は「管理教育と受験のストレスが子どもたちを暴力に向かわせている」という説明を受け容れていたのです。

諏訪さんの話では、一九八〇年代に入って、不意に生徒の言動がまったく理解できなくなったそうです。その後、退職されるまでの十数年、諏訪さんには最後まで生徒たちの行動の「意味」がわからなかったそうです。同じことが同時期に日本中で起きていた。現場の先生たちが集まっての研修やセミナーでは、どこからも「生徒たちの行動が理解できない」という声が聞こえてきた。でも、それを国民的な課題として受け止めるという雰囲気ではなかった。そもそも、何が起きているのかを現場の先生たち自身、うまく言語化できなかったのですから。「わかること」が起きているのなら言葉にできますけれど、「なんだかわからないこと」が起きているのは、そう簡単には言葉にはできません。

とりあえず、生徒にしても主観的には合理的に、ある種の内的な規範やルールに従って、そのような不可解な行動をとっているはずである。でも、その子どもたち自身にとっての主観的合理性、彼ら自身の内的論理がどうしても見えてこない。それが八〇年代、九〇年代の初等中等教育の現場での先生たちの悲鳴に近い実感でした。

諏訪先生自身、「現場を去って、ほんとうに肩の荷が下りました」と言っておられました。

諏訪さんはリベラルな方です。話していてわかりますけれど、つねに生徒寄りの立場に立って、彼らを何とかして理解しようとするタイプの先生です。そういう、生徒の中に入り込んでゆく先生たちでさえも、八〇年代からあと生徒たちのロジックが理解できなくなってしまった。

現場では「生徒が何を考えているのか、理解できない」という未曾有《みぞう》の混乱が起きていたときに、メディアも行政も、「子どもたちの自主性を伸ばし、自分らしさを発揮させる教育」の必要を唱えるだけで、「現場でほんとうは何が起きているのか」を問おうとしなかった。このときからの約二十年間にわたる現場「無視」が、「教育崩壊」という今日の現状の原因になっていると私は思います。

問題は「前代未聞の事態が起きていた」ことだけではありません。「前代未聞の事態が起きていること」を私たちが認めようとせず、できあいのフレームワークに流し込んで、教師の研修や、カリキュラムの補正で「なんとかなる」と思っていたということです。

「この問題は簡単だ」という人を信じるな

今日の発表でも、言われていた通り、いじめ、不登校、学力低下などの問題を考えるときには、「簡単な説明」に逃れないということがたいせつだろうと思います。巷間《こうかん》に流布している教育論の多くを私が信用できないのは、話が簡単すぎるからです。

これまで授業の中で繰り返し述べてきたように、教育というのは非常に複雑な構造をもった制度であり、多様なファクターが関与している。そのような複雑怪奇なものについて、それが不具合になったときに、「こんなの直すのは簡単です」と言う人を私は軽々には信用できません。

今日紹介してもらった雑誌記事の最後に「いじめをなくすのは簡単だ」とありましたが、これはジャーナリストは自制すべき言葉だと思います。簡単なわけがない。この人が書いているのは「いじめをなくすのは簡単だ。いじめる人がいなくなればいい」ということです。論理的にはおっしゃる通りだ。「犯罪をなくすのは簡単だ。犯罪者がいなくなればいい」と同じです。でも、それは同語反復でしょう。

「問題はきわめて複雑であり、困難である。どこから手を着けていいか、よくわからないぐらい複雑かつ困難である」。そういう現状認識をまず共有しないと話が始まらない。「これは簡単な話なんだ」と言って、できるはずのない空想的な「ソリューション」を提示すると、そこで思考が停止してしまう。「簡単な話」についての「簡単なソリューション」があるという信憑の上に、管理教育批判があり、「ゆとり教育」の導入があり、学力向上のための管理強化や、校長や教頭に権限を集中するトップダウン構想がある。教育行政がダッチロールを繰り返すのは、そのつど「これで解決できる」という空語を繰り返しているせいではないのですか。

「簡単な話には、簡単なソリューションがある」という信憑に教育行政の当事者もメディアも親たちも、おそらく内心では信じていないにもかかわらず、すがりついている。取り憑かれているからです。

「簡単なソリューション」は知的負荷を軽減します。原因は一つしかないんですから。「これが悪い。これが諸悪の根源である」と言えば済む。実際に、教育システム不調の原因はほとんど無数にあるわけですから、つめこみ教育も、ゆとり教育も、管理も、放任も、それが一因であることは間違いない。ですから、「これが悪い」というこの命題の前段は正しいのです。けれども、「これが諸悪の根源であるから、これさえ処理すれば万事解決する」という結論は前段からは論理的には導かれない。でも、それは、「むずかしいことを考えたくない、知的負荷を軽減したい」という本人の無意識の欲望の効果なわけですから、本人にはこの論理の飛躍は自覚されない。

これを「犯人捜し」の文型と言ってもいい。「悪いのは誰だ？ 責任があるのは誰だ？」という問いのかたちでこういう問題に取り組もうとする。もっとも忌まわしい事件はほとんど単独者の犯行であるというのは紛れもなく経験的事実だからです。壁に落書きがしてあるときには、私たちはこれが複数の犯行である可能性を吟味します。けれども、連続殺人や猟奇殺人の場合にはこれが複数の犯行である可能性を排除する。ほとんど自動的に「犯人は一人」であると推測する。これは蓋然《がいぜん》性の高い推理ではあるのですが、実際には「このような忌まわしいことをなす人間はできるだけ少数であってほしい」という私たちの願望から導かれた推理なのです。

それと同じ「欲望に基づく推論」が「忌まわしい出来事」のすべてについて生じます。教育システムの不調が私たちにとって「忌まわしい出来事」であると思う気持ちの強い人ほど、「単独犯行説」に固執する。そう言ってたぶん過たないはずです。「こんなの簡単な話だよ」と言っている人は、実は「こんなの簡単」だと少しも思ってはいないのです。これはたいへんなことになったと思って、深く混乱しているのです。あまりに混乱しているせいで、「簡単な話」を自分で作り出して、それにすがりつく他なくなっているのです。

ですから、教育システムの不調の原因が複雑になればなるほど、「こんなの簡単」というシンプルなストーリーがいっそう支持され、そこから導かれる「犯人は誰だ？」という他責的な問いに人々は魅了されるようになる。そして、事態はいっそう悪化する。

残念ながら、私たちが直面しているのは、そのような他責的な言葉づかいで話が済むような簡単な話ではありません。複雑な問題です。複雑というのは、ひとつひとつはたいした害のないささやかなファクターが無数に絡み合って、その複合的な効果として危機的状況が現出しているということです。そして、問題をさらにややこしくしているのは、その細かいファクターのかなりの部分が、「こうすれば教育はよくなる」という善意によって教育の中に導入された「簡単なソリューション」の残骸《ざんがい》だということです。

「日本の教育制度を破壊してやろう」というような悪意をもって教育にかかわっている人間は一人もいません。ダッチロールする文科省だって、学校にクレームをつけて先生たちを苦しめている親たちだって、「教育問題を解決するのは簡単だ」と言って、さらに事態を抜き差しならぬところに追い込んでいる教育評論家だって、どなたにも悪意はないのです。純然たる善意によって事態をさらに悪化させている。全員が善意で「教育をよくしたい」と望んでいるにもかかわらず、さっぱり事態は好転しない。これをまず認めるところから始めなければならないと私は思います。

事態は絡み合った紐《ひも》のようなものです。中の紐を一本だけ取り上げて、「これを直せばすべてが直る」と言って、いきなりひっぱったり、鋏《はさみ》でぶつりと切ったりしても、事態はよけいややこしくなるだけなのです。腹を据えてかかるしかない。問題の数はあまりに多い。数が多いと言っても、要するに「数の問題」といえば数の問題にすぎない。絡み合った紐をほどくのといっしょで、結び目をひとつずつほぐしていけば、いつかはほどける。ある紐をひっぱると全部が一瞬でほどけるという「魔法の紐」はありません。とりあえず、「ほどけそうな結び目」を探して、それをひとつひとつほどいてゆくしか手だてがない。

われわれ全員が犯人

目に見える大きな変化は、中等学校における校内暴力の頻発と師弟関係の崩壊から始まりました。そこから学校の機能不全が始まり、効果的な手が打たれないままに三十年が経過した。その三十年の成果として、教育の現状がある。ですから、これに取り組むには三十年がかりで解決するぐらいの気構えがいる。私はそう思っています。

教育再生会議に私が批判的なのは、「一気に解決できる方法」を必死に探しているからです。教育のような惰性の強い制度が不調になっているときに、短期的な解決などありえない。長期にわたる忍耐づよい継続的、多角的な努力がなければどうにもならない。そのためには「誰が犯人だ」というような他責的な議論は有害無益なのです。

そういうと、「では、あなたはどうすればいいと思うのか?」とみんな訊いてくる。さきほども教育関係の取材がありましたが、やはりインタビュアーは最後に「では、どうしたらいいんでしょう」と訊いてきました。私はこう答えました。「私は私の仕事をする。あなたはあなたの仕事をする。それしかないでしょう」。

教育の現状は私たち日本人全員がコミットして作り上げたある種の「作品」のようなものです。アガサ・クリスティの『オリエント急行殺人事件』といっしょで、われわれ全員が犯人なのです。全員が少しずつ犯人なのです。だから、全員が自分の犯した分について、自分がもたらした災厄については、それを自分の責任で取り除く。日本の教育を「こんなふう」にした責任について、自分の割り前だけ汗をかく。それに尽きると思います。

今の教育の現状は難破船に乗り合わせたようなものです。船はもう座礁《ざしょう》している。「船が座礁したのは誰の責任だ?」などと気色《けしき》ばんでも始まらない。誰が舵輪《だりん》を握っていようと、誰がウォッチしていようと、それを摘発しても問題は少しも解決しないからです。犯人を特定して「難破した責任はおまえにある。だから、おまえひとりで何とかしろ。私は難破したときに寝ていたから、引き続き寝ている」と言う権利は誰にもない。言ってもいいけれど、それから後、誰からも相手にされないでしょう。問題はすでに起きてしまった。その船に乗り合わせた以上は、この事態について自分には直接の責任がないと思っても、この危機を脱出するためには他の全員と協力しなければならない。

「私には責任がないから寝ている。責任があるものだけでなんとかしろ」ということが言えるのは、実は危機感がないからです。このまま座礁していれば、全員死ぬことになると思っていない。誰かがなんとかしてくれるだろうと思っている。他責的な人間というのは、実は無根拠に楽観的な人間でもあるのです。自分がいなくても何とかなると思っている。でも、「自分がいなくても何とかなる」というのは、危機の評価が低いということと同時に、自分が貢献できることについても、きわめて低い評価をしているということです。「自分なんかいても、何の役にも立たない」と思っている（ただし、これは意識化されてはいません）。被害評価の低さ（無根拠な楽観）と、自己卑下（無根拠な悲観）、この二つが「犯人捜し」に熱中する他責的な人々の特徴なのです。

「危機」は「簡単なソリューション」では解決しない

九五年一月に本学はご存じの通り、大震災に襲われて、大きな物的損害を出しました。私は震災の翌日に学校に行ってみました。何とか登校してきた二、三〇人の教職員があちこちで散発的に片づけをしている。とりあえず私も自分の研究室を片づけました。本が本棚から落ちただけですから、これはすぐに片づきました。自分の部屋を片づけてから外へ出て、あたりを見回した。想像を絶する壊れ方でした。

そのときから二週間分くらい記憶がないんです。毎日大学までバイクで通って、一日土木作業をして、夕方になると芦屋の山手小学校の体育館に戻って、娘と晩ご飯を食べたことは覚えています。でも、大学でその間に何をしていたのかについては、ほとんど記憶がない。人間というのは、あまりにやる仕事が多く、それに対して自分のできることがわずかであると、もう自分が「何をしている」のか考えなくなるんですね。ただ一日中下を向いて、瓦礫《がれき》を片づけ、倒れた家具を起こし、開かない扉をこじ開け、そういう際限のない力仕事をしていた。いくら働いても、瓦礫の山は少しも減らない。秩序は回復しない。私の労働力がもたらしたものは、大学に秩序を回復するために必要な労働力の総量のたぶん数億分の一くらいの比率のものだったでしょう。人間というのは、自分の努力がほとんど目に見える成果をもたらさない労働をしているときに、絶望したくなければ、下を向いてやるしかない。とりあえず自分の足下のガラスの破片を片づけ、落ちている本を一冊書棚に戻すというような「ザルで水を掬《すく》う」ような作業を延々と続ける以外に手立てがない。

そのうちに自然発生的に、集団を作って作業をする方が効率的だということがわかってきた。一〇人ほどの集団を作って、みんなでぞろぞろと学校のあちこちへ行って、閉まっている研究室のドアを開けたり、転がっている実験道具を起こしたり、そういうことを毎日毎日、行っていました。

そのとき、ある先生が来て提案しました。「このような非能率なことをやっていては意味がない。何日かかるかわからない。せっかくこうやって頭数が揃っているのだから、きちんと工程表を作り、労働力を中枢的にコントロールして無駄なく配備しようじゃないか」と。

でも、誰も言うことを聞かなかった。やはり何となくぞろぞろと学内をあちこち移動しては行き当たりばったりに作業をしていた。その先生はだんだん不機嫌になってきた。「君らはなんという無駄なことをしているのだ。作業を中止して、みんな会議室に集まれ。きちんと相談して、全体の工程表を作って作業すればはるかに能率的だろう」と。でも、誰も耳を貸さない。ついに、その先生は怒りだして、「俺はもう知らん。おまえら、勝手に非能率なことをやってろ」と言って、そのまま家に帰ってしまいました。


この人の考え方はよく理解できます。「簡単なソリューション」がある。それを採用すれば問題は効率的に解決する。自分はそのソリューションを知っている。彼はたぶんそう思っていたのでしょう。でも、それに耳を貸す人がいなかった。どうしてでしょう。それは実際に現場で石を拾っている人たちには、「そんな簡単な話じゃないんだよ」ということが実感としてわかっていたからです。これは中枢的に統御して、工程表や人員割り当てを決めて操作できるような話じゃない。とりあえずひとりひとりがまず足元の石を拾い上げるしかないほどの規模の災厄なのだということが直感的にわかっていた。その先生の「ソリューション」にみんなが興味を示さなかったのは、その先生が自分では石を拾わずに、もっぱら「効率的に人に石を拾わせるプラン」に時間を使っていたからです。

そういう非能率的な作業を数週間、数カ月続けていくうちに、ある日、気がついたらすべての瓦礫がほぼ除去されて、授業が始まりました。人間の力というのは、アリが石を運んでいくようなものでしたが、たいしたものだとつくづく感じました。

たしかに、その先生が言ったように、仕事というのはできることなら、行き当たりばったりではなく、入念に計画し、重要度の高いところに優先的にリソースを投じるべきものなのでしょう。もちろん。でも、それは「日常的な仕事」の場合です。危機があるスケールを超えると、そういう中枢的なコントロールが効かなくなる。コントロールしようとしてもいいけれど、コントロールすることそのもののために、貴重なリソースを投じなければならない。適切な「瓦礫除去計画」を立案するためにはまず被害の精密な調査をして、優先順位について学内合意を形成しなければならないし、教職員たちには「君は明日、何時何分から何時何分まで、どこそこでどういう作業をせよ」というふうな割り振りをしなければならない。それは、いずれも不可能だったのです。

被害の精密な調査をするためには、やはり開いていないすべてのドアを開け、廊下を前に進めるように瓦礫をどけないことには話にならない。復旧の優先順位についても、誰もが「自分のところ」を優先的に復旧することを立場上要求するでしょう。「僕の研究室は最後でいいです」とは言えても、「うちの学科の建物は最後でいいです」とは言えない。それに、教職員たちは業務命令ではなく、自分の意思で来ていたのです。現に、すべてが片づいて授業が始まるまで大学に顔を出さなかった教員たちも相当数いたのです。彼らはときならぬ「長い春休み」を享受していたのです。彼らの言い分はわかります。登校して復旧作業に従事せよという業務命令があれば、彼らだって登校したでしょう。でも、誰からもそんな命令は出されなかった。公式な業務命令がないから「私の仕事はない」と彼らは思ったのでした。彼らはこの世に「公式な業務命令が出せない」（それが「危機的」ということですけれど）状況があるかもしれないということについて想像力の行使を惜しんだのでした。まあ、古い話についての愚痴はやめておきましょう。

火事場の馬鹿力

危機的というのはこの場合のように、中枢的・一元的にコントロールし最適解を選択することができないような状況のことです。たしかに理論的には「簡単なソリューション」や「最適解」は存在するかもしれません。けれども、それが現実化できない。その「ソリューション」を現実のものとするために動くべき人たちが、「ソリューション」形成の過程で燃え尽きてしまうという場合がそうです。

一〇〇万円の原資がある。これをどう使うかの最適解を求めて連日議論しているうちに、会議の弁当代で一〇〇万円使い切ってしまった。これが教育の現状です。「原資」というのは、教員と、少数の保護者たち、少数の地域社会の人々が教育改革のために供出できるリソースのことです。残念ながら、文科省とか中教審とか教育委員会とかは「使えるリソース」ではありません。彼らは「使えるリソース」の使い道を決め、「最適解」を出すことが仕事ですが、今はそのような仕事は誰も必要としていないのです。

ですから、教育再生会議が提言したように、教育改革をトップ・ダウンでやるというのはまったくナンセンスなのです。トップ・ダウンでできるのはシステムが日常的に機能している場合だけです。ルーティンワークならなんでもトップ・ダウンで決められる。でも、システムの機能不全というような危機的状況ではトップ・ダウンでは何もできない。

トップ・ダウン・システムというのは、現場で働く個々の人間の能力や技量について細かく査定をし、彼らが担うはずの作業を的確に予測していてはじめて機能するからです。それはわかりますね。部下のひとりひとりについて適切な勤務考課が行われているという想定に基づいて、彼にはこういう能力があるから、こういう職務を完遂《かんすい》してくれるだろうという予測が立つ。それに基づいて業務計画を起案する。それがトップ・ダウンということです。部下の能力を知らない、どこに誰が配属されているか知らない、誰がどういう個別的な能力や欠陥を持っているか知らないという状況でトップ・ダウンなんかできません。トップ・ダウン型のマネジメントの前提は、トップは全体を掌握しており、人的資源のすべてについて適切な考課を行っているということです。そして、危機的状況というのはそれができない状況のことです。

起業をして会社を急成長させた経験のある人間や、危機的状況を乗り越えた経験のある人間ならわかることですけれど、大きな仕事というのは人がもらっている給料分以上の仕事をしなければ決して達成できません。ひとりひとりが自分に期待されている仕事の何倍、何十倍ものオーバー・アチーブをしたときにだけ、集団的なブレークスルーは達成される。そして、オーバー・アチーブというのは絶対にトップ・ダウンでは実現できないものなんです。上意下達できるのは「君は払った給料分の仕事だけはしてください」というところまでです。客観的な人事考課というものがあるとすれば、そしてトップ・ダウン・マネジメントがそれに基づいて行われるのだとすれば、ある人が「払った給料分以上の仕事をする」可能性を勘定に入れてはいけない。この人は給料二〇万円だけれど二〇〇万円分働いてくれるはずであるということを勘定に入れて人事計画を起案することは許されない。二〇万円の人は二〇万円分の働きしかしないということを前提にして組織を作るか、彼の給料を二〇〇万円にするかどちらかです。

トップ・ダウン・マネジメントは「平時のマネジメント」「好天型マネジメント」です。大震災のようなカタストロフや「教育崩壊」はトップ・ダウンではマネージできません。現場の人間が「もらっている給料分の仕事」をしている限り、状況は打開できません。

現場の人間が「馬鹿力」を出すしかないのです。「火事場」では「火事場の馬鹿力」に期待する以外に道はないのです。だから、ここでのマネジメントの問題は、組織をどう整備し、上の命令をどのようにそのまま現場で実現するかではなくて、どのように現場の教員たちがオーバー・アチーブできるような環境を整備するか、ということになります。二〇万円の教員が二〇〇万円分の働きをしない限り、「教育崩壊」は食い止められない。そして、オーバー・アチーブというのは上司が「やれ」と命令することのできるものではなく、「やるしかない」という士気が自発的に高まることでしか達成されないのです。

叡智の境位

現在の教育危機は、「地殻変動的」規模で進行中の社会全体の変化の一つの相に他なりません。私はこれを学校教育の中に社会システムが入り込みすぎてきて、コントロールを失った状態だと理解しています。

何度も申し上げたように、学校というのは、子どもたちを「外界」から隔離し、保護することをその本質的な責務とするものです。学校と「外の社会」の間には「壁」がなくてはならない。子どもたちを外から守る「壁」がなくてはならない。学校は本質的に「温室」でなければならない。これは異論のある方も多い（半数以上の日本国民が私に反対するでしょうけれど）と思いますけれど、私の譲ることのできない教育観です。

学校の仕事、教師の仕事は、なによりも「外部」への欲望を起動することですけれど、それはふつうの人が考えるような「俗世間」のことではありません。子どもたちに「世の中、所詮、色と慾だ」というようなことを教えるのが「外部」との回路を立ち上げるということではありません。そのような、現に親たちや周囲の大人たちやメディアが喧伝《けんでん》する「世俗の価値観」とは違う文法で叙され、違う度量衡で考量される「叡智の境位」が存在するということを信じさせること、それが教育の第一義的な目的だと私は信じています。

学校教育を破壊したのは、学校と社会を隔離してきたこの「壁」が崩壊したからです。教師たちも親たちも教育行政もそして子どもたちも、みんなが「グローバル資本主義」の信奉者になってしまった（一部の人は進んで、一部の人はいやいやながら）。そして、学校の内側と外側の間の温度差がほとんどなくなってしまった。「外部は存在しない。世界はすべてあますところなく〈市場〉に埋め尽くされている」というのが現在、学校で子どもたちが日々実感させられていることです。彼らが欲望することを教えられているのは「商品」であり、もはや「叡智の境位」ではありません。

私はこれまでも大学院のこの演習では、この事態を「原子化」とか「砂粒化」とか「モジュール化」という言い方で何度か説明してきました。

「砂粒化」する社会

「モジュール化」（modularization）というのはビジネスの用語で、コストカットのための方策の一つです。さまざまな業務を「モジュール」化する。つまり、マニュアルの決まった小さい作業ユニットに分けて、それを小分けにして売り買いする。ある事業部門を丸ごと本体と切り離してアウトソーシングすることもある。すると、本社ではその部門の専従職員を雇う必要がなくなる。人件費コストが削減できる。正社員を減らして非正規雇用を増やしたのも発想は同じですね。モジュール化できる作業はすべてモジュール化し、時給八〇〇円のバイトにやらせて、正社員にはもっと高付加価値の仕事をさせる。合理的です。

でも、モジュール化には思いがけないピットフォールがありました。一つは、あまりにモジュール化が進行すると、作業内容そのものが「ブラックボックス化」することです。あるモジュールはその前後のモジュールとどう連結しているのか、それを一望的に理解している人がだんだん減ってくる。

ある大手の航空会社では、十年ほど前から積極的に業務のモジュール化とアウトソーシングを推進してきたそうです（その会社の方からうかがいました）。それによって人件費の大幅なコストカットが実現した。でも、そのうちにいくつかのモジュールについては、それがどういう業務内容であるかがわからなくなってしまった。作業自体はもちろん本体業務に不可欠（らしい）のですが、丸投げしているうちに、その内容をきちんと理解している人が本社内にいなくなってしまったのです。そして、ある日、外注している先の下請けが受託価格の大幅値上げを要求してきた。モジュール化して外に預けた仕事をいわば「人質」に取られてしまったわけです。むろん、会社はそれを呑まざるをえませんでした。

これは企業規模でのピットフォールですが、もちろん従業員個々人も同質のピットフォールに陥ります。人間の「砂粒化」「モジュール化」です。

非正規雇用が例外的な雇用形態であった時代に、企業は一種の「疑似家族」でした。社員たちは独身寮で同じ釜の飯を食い、連れ立って社員旅行に行き、週末にはハイキングに行ったり、野球をしたり、麻雀をしたりして過ごしていた。社員たちは固有名でつきあっていたわけです。でも、業務のモジュール化によって、雇用関係は一変します。社員たちはしばしば隣に座っている人の名前も知りません。もちろん終業後に連れ立ってご飯を食べに行くわけでもない。隣のデスクにいる人間への業務連絡をメールで行うことさえ日常化していけます(横向いて顔を合わせるのが厭らしいです)。その過程で、従業員たちの横の連帯が失われ、労働組合が解体し、そして労働条件がひたすら劣化していった。これは当今の「格差社会論」でみなさんご案内の通りです。その格差論者たちは、雇用者に対してではなく、自分と同じく原子化にさらされている同僚に対して、「無能なやつは去って、私にポストと給料を明け渡せ」と要求することを「簡単なソリューション」として提言している。そうしてますます労働者間の連帯は失われ、労働条件は劣化してゆく。

同じような人間の砂粒化が学校でも起きています。それは今日の発表者が使った言葉を借りれば、「子どもたちの個性化」です。

ここでいう「個性」という言葉の意味は、私たちがもともと知っている意味とは違います。子どもたちの「個性化」というのは、むしろ業務における「モジュール化」に近いように私には思われます。

いまの若い人たちは勤めて三年で会社を辞める、あるいはもっと短い期間で辞める人もいます。そういう人たちが常に離職、退職の理由として言うのは、「もっとやりがいのある仕事をしたい」ということです。でも、「やりがい」とは何のことでしょう。

よくよく聞いてみると、それは自分が一人の力で成し遂げた仕事に対しては、自分だけがその報酬を占有できるような仕事のあり方、ということのようです。「やりがいのある仕事」として彼らがよく挙げるのは、歩合制の営業マン、クリエイター、ミュージシャン、俳優、漫画家、作家などなど。自分がした仕事には「誰それのやった仕事」という「タグ」がしっかり貼り付いていて、それがもたらす利益を誰とも分かち合わずに済む仕事。それがどうやら当節の若い人たちの言う「やりがいのある仕事」らしい。

でも、そのような「クリエイティヴで、パーソナルな仕事」というのは、実際にはほとんど存在しません。九九パーセントのビジネスは集団作業だからです。

複数の人間が協働して仕事を行う。その成果に対して報酬が与えられ、それを全員で分かち合う。企業活動において、どこからどこまでが「自分の達成した仕事」であり、受け取った報酬のうちのどこからどこまでが「自分の取り分」であるかを言うことは、企業活動では原理的に不可能です。営業や開発以外の、総務や経理や法務といった部門では、目に見える「利益」を出すことがそもそもできません。

でも、「やりがいのある仕事」を求める若い人は総務部で扶養家族手当の計算なんかさせられると、すぐにストレスがたまってしまう。そして、「こんな仕事はつまらない。やりがいがない。自分のやりとげたことがかたちとして見える仕事がしたい。もっとクリエイティヴな仕事がしたい」と言い出す。

「クリエイティヴ」というのは、自分の仕事に固有名の「タグ」がつき、それがもたらす報酬はすべて自分に占有権がある、そういう仕事のことです。つまり、「クリエイティヴ」という言葉は「モジュール化された」とほとんど同義として理解されている。

非正規雇用というのは、まさに「モジュール化された仕事」です。マニュアル通りにやれば誰でもできる（はずの）仕事であり、指示された作業以外については自由裁量権はない。その代わり、「自分以外の人」と緊密な連絡を取り合い、責任を分かち合い、利益を分かち合うということはしなくて済む（してはならない）。私の仕事については私が責任を取り、他人の仕事については責任を取らない。私のリスクは私が一人で引き受け、私が上げた利益は誰ともシェアしない。それが「やりがい」を求めて、モジュール化された人間が求める「クリエイティヴな仕事」の実相です。

子どもたちの砂粒化

今してきたのは労働の現場での話です。教育の現場では、そのモジュール化はどのような形態を取っているのでしょうか。

先日、兵庫県の高校教員の研修会に講師として招かれたときに、ある高校の先生が、最近驚いた話としてこんなエピソードを紹介してくれました。その先生のクラスに仲良しの男子二人がいて、いつもつるんで遊んでいた。ある日その二人が連れ立って下校しようとしたところ、校門の外で他校の不良にひとりが絡まれて「カツアゲ」された。すると他のひとりは「僕、これから塾があるから」と友人をその場に残して立ち去ったそうです。そして翌日、二人は何ごともなかったかのようにまたつるんで遊んでいる。

「どういうんでしょうね」とその先生は困惑した顔をされていた。危機にある友だちを置いていったということはエゴイズムで説明できる。けれども、翌日からまたふだんのように遊んでいる点が理解できない、と。私にもうまく説明がつきませんでした。おそらく、「自分のリスクは自分で負う。自分の利益は自分で占有する」という考え方がかなり深く彼らに内面化されているのでしょう。他人と「運命共同体」のようなものを形成することに対する強い忌避感があるのかもしれません。

たしかにそう考えると、子どもたちの「個性的」なふるまいというのも、「他者との差異化」を過剰に意識した結果のようにも思えます。

たとえば授業中、ずっと後ろを向いている子がいる。身体をねじまげているのは身体的にはかなりの苦痛なわけですから、彼が「怠けている」と言うのはむずかしい。その姿勢を保つために彼なりに努力している。その努力を動機づけるのは、このねじれた姿勢が彼の個性の発現だと思っているからです。彼は他者の視線に自分の姿勢が記号として認知されることを切望している。それは寝不足でつい居眠りしてしまうとか、ぼんやり窓の外を見ているという「怠業」とは本質的に別のものです。

教壇から見ると無秩序でだらけて見えるクラスも、実は、全員が絶えず相互参照しながら、人と違うことをしようと懸命になっている。例えば、教師が教室に入ってくると「起立、礼、着席」ということをやりますね。今でもちゃんとやっている。でも、『下流志向』にも書きましたように、その動作を彼らは実に緩慢に行う。のろのろと立ち上がり、いやいやそうに礼のようなものをして、のろのろと座る。これはかなり精密な身体操作なわけです。「のろのろ起き上がり、のろのろ座る」というのは、ふつうに「すっと起き上がり、すっと座る」

より筋肉や関節への負荷が大きい。つまり、彼らは「だらだらしている」のではなく『だらだらしている』ように見せる」ためにそういう動作をしている。その緩慢な動作を通じて、教師に「私はあなたに敬意を示したくない」というメッセージを送っている。その記号操作のために投じるエネルギーを彼らは惜しまない。

そして、さらによく見ると、その「のろのろだらだら」が全員の体位が決して同調せず、最高度の無秩序を達成するように、ひとりひとりが自分の身体をかなり細かくコントロールしていることがわかります。もし、クラス全員がぴたりと呼吸を合わせて「のろのろだらだら」動いたら、それはピナ・バウシュのダンスのような劇的感動をもたらすことでしょう。もちろん、そんなことは起こりません。四〇人の生徒たちがひとりとして呼吸が合わないように動いている。

私はこの努力こそ「個性化」の兆候だろうと思います。彼らは集団でひとつの共—身体を構成し、呼吸を合わせ、同時に笑い、同時にため息をつき、同時にのけぞるといった、昔の子どもたちが熟達していた非言語的コミュニケーションの術をあきらかに意図的に放棄しています。ランダムであること、秩序が構成されないこと、共同的な一体感が立ち上がらないこと、それが強く希求されている。

奇妙な話だと思いませんか。

共―身体の形成、それが共同的に生きるための基本的な生存戦略だと私は信じているのですが、このことに対して強い抑制がかかっている。隣の人間と共感しないことが集団的な努力目標となっている。そして、少なくとも、その「集団的な努力目標」においてはみんな一致している。お互いに似ないようにふるまうということにおいて、みんながそっくりになっている。相互模倣を忌避する仕方を相互模倣している。模倣の次元が一つメタレベルに移行している。

女子高生たちがそっくりの格好をして、持ち物や化粧までそっくりにして、同じタイミングで笑い声を上げているのをよく見るけれど、あれはどうなのか、とおっしゃる方がいるかもしれません。けれど、あれもどうも私の言う「共―身体の形成」とはものが違うようです。

大学生になってだいぶ経ってから、自分の中学高校時代のことについて回顧的な文章を彼女たちが書き出すと、しばしば「それ」がどれほど苦痛であったかが縷々《るる》書かれています。たしかにみんなと同じような服を選び、同じようなアクセサリーを身に着け、同じような音楽を聴き、同じようなジョークで笑ってはいた。でも、ほんとうは「それ」がとっても厭だった、という文章を私は一〇〇人分くらい読みました。

その一方で、吹奏楽部とか体育会系のクラブとか文化祭の実行委員会とかで、みんなと「一致協力」して、イベントを成し遂げ、深い感動を味わったという文章を、これはこれで面接試験の「自己推薦書」で一〇〇〇人分くらい読みました。そんなに感動的な体験だったら大学でもどんどん続ければいいのに、そう訊くと、ほとんどの学生は不思議そうな顔で「いや、もういいです」と言う。変な話ですね。

どうも、みんなといっしょになにかを共同的に実現するということに対して、かなり込み入った魅惑と嫌悪のアンビヴァレンスが働いている。私にはそう思えます。

先日、近くのビデオ屋で、高校生ぐらいの三人の男の子が私の後ろでおしゃべりをしていました。それがどうも耳障りである。どうして耳障りであるのか、理由を考えました。ふつうに考えると、高校生が三人でおしゃべりしているなら、だいたい同じような「だからさ」「そうなんだよ」という感じで話がやりとりされるはずですから、横で聞いていると個体識別できなくなるはずですね。私もそう思っていました。でも、違うんです。一人が急に大きな声を出したり、一人が急にテンポを遅くしたりする。つまり、何とかして自分の直前の話者と音域や音程を微妙にずらそうとしている。彼らは使用語彙が貧しいので、当面の話題を記述する文はあまり変えようがない。だから音量とピッチを頻繁に変える。「オレは直前の、、、、、、、、、、、、、、、、、、、、、、、、、、、、、、、、
話者とは別人だ」というメタ・メッセージの方が話のコンテンツよりも優先している。それがすごく耳障りなんですね。おそらく本人たちは気づかずにやっているんでしょうけど。

みなさんもためしに中学生、高校生たちが何人か集まってしゃべっているところの横に行

って聞いてみてください。彼らが他の話者とピッチを合わせない、音の波形をずらすために無意識の努力をしていることがわかります。あるいは、誰かが出したある話題で場が盛り上がりそうになると、違う話題を振って、その話題に対する興味が集中することを防ごうとする人がいる。他人の振った話題にいつまでも追随することは「個性的でない」とおそらく思っているのでしょう。とにかくそういうことを無意識的にやっている。子どもたちは隣人と差別化すること、他者と共感しないことに高いコストを払っている。これはたしかなことのようです。

「いじめ」の集団力学

今日の本題の「いじめ」に話を戻しますけれど、「いじめ」というのは、今取り上げたように、「集団を形成する能力」の不足のあらわれとみなしてよいのではないかと思います。「いじめ」だけに固有の文脈があるわけではなく、集団形成をすることに対する忌避と「集団を作らなければならない」という強制が絡まり合って、非常に不安定な集団的な心理状態になっている。それがわずかなきっかけで均衡を失うと、場合によって「いじめ」というかたちで発現する。それは「集団になじまない個体」と「集団に過剰適応している個体」の両方を標的にします。「集団になじまない個体」が排除や攻撃の対象になるという理路は誰にでもわかります。わかりにくいのは、「集団に過剰適応したせいで、他と個体識別できなくなった個体」もまた容易に「いじめ」の対象となることです。

心理学者であれば、いろいろな説明をしてくれるのでしょうが、私はやはり今の子どもたちが「集団を形成すること」と「個体として孤立すること」の二つの要請を同時に受けていて、深い混乱のうちにあることが「いじめ」という病態の根底にあるのではないかと思います。

子どもたちはふつう、まず「集団を形成すること」の楽しさを知ります。他者と共―身体を形成すると何が起こるか。「以心伝心」というのがその基本形ですね。口で言わなくても友だちの気持ちが伝わる。友だちの快感や苦痛がリアルに共感される。自分が見ていないものが見えるような気がする、自分が聴いていない音が聞こえるような気がする。そういうかたちで子どもたちは「自我の拡大」を経験します。これは子どもに、ある種の全能感を与えます。それが子どもたちを惹きつける。

小さな子どもたちを放っておくと、必ずいつのまにか近づいて、同じ遊具を、相手の身体に触れて遊び始めますけれど、それは集団の形成が自我の拡大をもたらすからです。

子どもたちに「個性的であれ」と教えるのは、その後の仕事だろうと私は思います。もちろん子どもを個性的に育てることはたいせつです。けれども、その前にしなければならない仕事があると思います。それは他者と一つの共―身体を分かちあうという経験です。共―身体の形成によって、自分が「大きなネットワークの中の一つの結節点」であるという感覚を子どもは学びます。「個性」が出現するのはその後です。ネットワークの中で自分があるふるまいをすると、ネットワークの運動や機能が変化する。自分の投じた一石がネットワークを動かす。その経験を積みあげることによって、子どもたちは集団のメカニズムを理解するようになる。誤解されやすい比喩ですけれど、「組織の歯車」になることによってはじめて「組織を動かす」歯車装置の成り立ちがわかる。

しかし、今の教育現場では、子どもたちに「集団の形成」の術を学ぶと同時に（あるいはそれより早く）「個性の発現」が課せられている。本来ならば、まず同学齢の仲間たちと集団を形成して、彼らと呼吸を合わせ、感覚を共有して、ひとつの共生態を作り出すことに専念すべきときに、「集団を作るな。他人にうかつに共感するな。個別化せよ。自分のタグをつけろ。自分の受け取るべき報酬を他人と分かち合うな」というグローバル資本主義の「人事ルール」が幼い子どもにまで浴びせかけられている。

子どもたちだって、そんなことを言われたら、どうしていいかわからない。際だって有徴な個体であれば、「いじめ」の対象になる。際だって無個性的な個体であれば、やはり「い

「いじめ」の対象になる。このダブル・バインド的状況を生き延びるために、子どもたちはそれなりの生存戦略を見出さなければならない。

先ほど言ったような、「相互模倣をしない仕方を相互模倣する身体運用」とか「コンテンツを共有してピッチを変える話法」といった徴候的なふるまいは、この抜け道のない状況の中で選択されたある種の「ソリューション」だと私は思います。そして、これが諏訪さんが言われた、八〇年代からの「生徒たちのすることの意味がまったくわからなくなった」という状況の底にある構造ではないかと私は思います。

だから、問題は「いじめ」そのものをどうこうするということではない。教室全体、学校全体に、広く社会全体に「準―いじめ状況」が瀰漫《びまん》している。あと一滴試薬を入れると、飽和して結晶ができるように、子どもたちの集団にわずかでも適応不足であっても、わずかでも適応過剰であっても、その子は「いじめ」の標的になる可能性がある。潜在的には全員が全員にとっての「獲物」であり、かつ「捕食者」であるという信じられないほどにストレスフルな状況が今の教育現場を浸食している。そういうことだと思います。

そういうふうな大枠の構造に同意していただければ、このあと現場がどう取り組むべきかということも、だいたい見通しが立つのではないかと思います。今、学校が果たすべき最優先の仕事は、子どもたちが共同的に生きるための術を体得するより先に、「原子化、砂粒化、個別化せよ」という圧力をかけているグローバル資本主義の介入に対する「防波堤」となることです。

グローバル資本主義と原子化

どうしてグローバル資本主義が子どもたちの「原子化」を求めるのかについては、これまでも何度も述べてきましたが、話の筋を通すために、ここで簡単に触れておきましょう。

「自分らしさ」は「商品購入行動」でしか表現できないというイデオロギーが支配的なものになったのは、八〇年代から後のことです。それまで消費単位は家族でした。家族が消費単位であると、消費活動はあまり活発ではありません。消費に先立って「家族内合意」が必要となるからです。仮に臨時収入があったとしても、父親は新車に買い換えたいと言い、母親は冷蔵庫を買えと言い、祖父母は墓を建てろと言うようなことが起きた場合、合意が成立しないと、消費行動は抑制されます。結果的に十分な所得がありながら、誰一人満足しない消費行動（みんなで回転寿司に行っておしまい、とか）が妥協点になる。これは家族全員にとって不愉快な結論であると同時に、マーケットにとっても不愉快な結論です。モノが売れないからです。

それゆえ、マーケットはこの消費行動の最大の抑制要因である「家族内合意形成」というプロセスをこの世からなくす方法を考えました。簡単ですね。家族を解体すればよい。家族全員がそれぞれの「好み」に応じて商品購入行動を展開するならば、消費行動は急激に加速する。消費単位のサイズを小さくすればするほど消費活動は活発になる。これは論理的には自明のことです。

そうやって、官民挙げての「自分らしく生きる」キャンペーンが以後二十年にわたって展開することになります。自分の好きな部屋を、自分の好きなインテリアで飾り、自分の好きな音楽をかけ、自分の好きな料理を、好きな食器で食べる。好きな時間に起き、好きな時間に寝て、好きなときに、好きな場所に、好きな友だちと（あるいは恋人と）旅行する。

すばらしい。

自分らしく生きるということは、要するに誰の同意も必要とせず商品選択を自己決定できることである、と。私が言っているんじゃありませんよ。中教審から『BRUTUS』まで、フェミニストから電通まで、全員がそう唱和したのです。

うんざりする話ですが、ともかく、その全国民を巻き込んだ国策的な「自分らしく生きる」「個性的に生きる」キャンペーンの過程で、消費行動に際して同意が必要な他者との共生は「よくないこと」であるということについての国民的合意がいつのまにか成立しました。非婚化・晩婚化・少子化というのは、この合意に基づく論理的な帰結です。

むかしから「一人では食えなくても、二人なら食える」と言いますけれど、その通りで、家族を作ると、お金を使わなくなる。二人分のおかずを自分の家で作れば、一人ずつが外食する半分以下のコストで済む。そんなことは経験的には誰でも知っていることです。消費主体のサイズが大きくなればなるほど消費活動は鈍化する。

例えば、消費者金融というものがありますけれど、あれがビジネスとして成功したのは（誰も言いませんけれど）、家族が解体したからですね。昔なら、お金がないときは親戚に借りに行った。すると、「何に遣うのか」から始まって、「だいたいおまえは計画性がない云々」とさんざん聴きたくもない説教を聴かされた。でも、今は家族が解体したので、金を貸してくれる親戚がいなくなった。そこで消費者金融が登場する。それでも、「前から欲しかったウルトラマンのフィギュアがヤフーに出ているので、すぐに五〇万円欲しい。ついてはその金を借りようと思う」というようなオファーが家庭内合意を得ることはまずありえません。他者の合意が必要であれば、ほとんどの人は借金しない（できない）。これもあまり言われないことですが、論理的には自明なことです。借金するかしないかを自己決定できるようになったことで市場に出回る貨幣量はまた増大した。

そんなふうに「自分らしい消費生活」と「家族解体」のあともどりのないプロセスの中で、

グローバル資本主義はたいへんに繁昌したのでした。私たちが現在直面している少子化とか非婚化とかはその「ツケ」です。それは別に主体的に選び取られた生き方でもないし、誰かに強制された生き方でもない。みんなが同じイデオロギーに乗って愉しく踊っていたら、気がついたら「そんなふう」になってしまいました、ということです。

話を教育に戻します。初等中等教育が荒れだしたのは、まさに「自分らしさ」イデオロギーが官民挙げてのキャンペーンの中で展開しはじめたときと同期しています（思えば、それは中曾根内閣が全国民に「一〇〇ドル外貨を使って商品を買え」と獅子吼《ししく》したとき、臨教審が現在の「教育改革」のグランドデザインを完成させたとき、バブル経済の始まったときでした）。これを「シンクロニシティ」と言わずしてなんと言えばよいのでしょうか。

改めて私たちの直面している問題を定式化すると、もう一度さきほど述べたことを繰り返すことになりますが、それは「グローバル資本主義が私たちに要請する生き方をどうやって学校の外へ押し戻すか」ということに集約されるだろうと思います。

でも、どうやって学校を「俗情」に対する防波堤として構築するのか。それについてはこのあとまだ時間をかけて考えなければ済まなそうです。

第9講

反キャリア教育論

大学の就職予備校化

キャリア教育についての新しいプロジェクトを本学で立案しました。文科省の現代GPにアプライしたら受かってしまいました。一年くらい前から私も加わって議論を重ねて立ち上げたプログラムなんです。採択されてお金をいただけるのはうれしいんですけれど、依然として私の中には疑問が残っています。というのは、いわゆる「キャリア教育」を大学の教育課程に導入することがよいことなのかどうか、それについてどうも気分が片づかないのです(それ以上に「キャリア教育とは何か?」という問いに自分自身できちんと答えを出せていないということが気分の片づかない理由なのですが、これはもっと後で考えることにしましょう)。

いわゆる「キャリア教育」の充実を求めているのは産業界です。

「国家須要の人材育成」とまでは言わなくても、「即戦力になる人材」ということが産業界から強く言われています。

「即戦力」というと、入社してすぐに現場で使える程度の技能や知識を身につけていること、というふうにふつうは解釈されますけれど、実際には知識や技能だけでは「即戦力」になりません。なによりもまず、入社する時点で、彼ら彼女らが「働くモチベーション」をしっかり身につけていなければ話になりません。そして、「キャリア教育」ということがうるさく言われ出したのは、大学卒業生に知識や技能が不足しているからではなく（いや、実際にはかなり不足しているんですけど）、「働くモチベーション」がきちんと内面化されていないということに現場が困惑しているからです。

「どうして人は労働するのか」という根源的な問いがクリアーされていない。だから、四月に入社して、ちょっとした「つまずき」で、「私はどうして『こんなこと』をしていなくちゃいけないのか？」と自問したときに、その答えが自分の中にはないということに気づいてびっくりしてしまう。

「キャリア教育」とは要するに、卒業すると同時に（しばしば在学中から）ニート、フリーター化したり、就職直後に離職転職するような学生に、「働くモチベーション」を鼓吹《こすい》するための教育のことです。

でも、「働くモチベーション」というのはいったい何のことなのでしょう？

今日の発表では、「大学が就職予備校化してしまっていいのだろうか」という問題提起がありました。ほんとに、いいんでしょうかね。

私はよくないと思います。

そもそも就職予備校化することで卒業生の「働くモチベーション」が高まるようには、私にはどうしても思えないんです。むしろ、就職予備校化すればするほど、卒業していった学生たちは転職離職する率が高くなるような気がします。

いちばん根本の問題は、「勉強のモチベーション」と「労働のモチベーション」がまったく別のものだということです。このことを、「キャリア教育」関係者の方々はたぶんほとんど理解していない。

勉強と労働はまったく別のものです。それを就職活動という「受験と労働の汽水域」にあるような活動を題材にとって考察してみましょう。

就職活動をほとんどの学生たちは受験勉強と同じものだと考えてスタートします。これは選別である、と。競争である、と。優秀とみなされた人が選択されて、そうでないとみなされた人が落とされる、個人の能力の「格付け」である、と。それなら、学生たちにはおなじみの選別システムです。子どもの頃からずっとやってきていることですから。じゃあ、そのマインドを延長すれば就活は成功するだろう、学生たちはそう考えます。そして、三年生の秋くらいから、ばたばたと走り回り始めます。

でも、四年生の春頃になると、決まる人はどんどん決まり、決まらない人はいつまで経っても決まらないということが起きてくる。勉強の場合はこんなことは起きません。勉強はやればやった分だけ、その努力に対する成果が相関します。その点ではかなりシンプルな線形方程式です。入力を二倍にすれば、出力は二倍になる。まあ、そこまで簡単ではありませんが、努力すれば報われる。勉強に割いた時間だけの報酬は約束されている。

教師に対して学生たちが口にする不信のうち最も大きなものは、「あの先生は成績のつけ方がデタラメだ」というものです。あきらかに勉強していない学生に合格点を出す先生、あるいは必死に勉強した学生に落第点をつける先生は学生から強い不信の目で見られます。「努力と成果の相関」が約束されない成績査定は学生たちにとっては勉強することを動機づけるいちばん基本的な部分を損なうからです。

成績査定における「努力と成果の相関」は、教育の場を成り立たせるための必須の条件の一つです。

ところが、就活において、学生たちははじめて「努力と成果が相関しない」という経験に遭遇します。三年生の秋から四年生の春にかけての学生たちがどれほど深い混乱に落ち込むか、私は現場にいるのでよく見知っています。

就活においては、同期の学生たちから見て「どうしてあの人が採用されたのか」わからない人が採用され、「落とされるはずのない人」が落とされます。就活においてはじめて学生たちは、どういう基準で採否の決定がなされているのかが受験者には開示されない選抜試験というものを経験することになります。

「そういうもの」が存在する、ということを彼らはこれまでの二十年間考えたこともなかったでしょう。でも、もちろん世の中にはそういうものがあります。そして、採否の基準は彼らが知らないだけで、実ははっきりしているのです。それは受験勉強で合否の決定をするときの能力査定とはまったく違うものです。まずそれを飲み込んでもらわないと話が始まりません。受験勉強というのは先ほども言いましたけれど、「個人の能力の格付け」です。そして、就活の採否の基準は実は「個人の能力の格付け」ではないのです。驚くべきことに。

何を基準に採否を決めるのか?

以前にある大手出版社の編集者四人とご飯を食べているときに、ちょうど就活シーズンでしたので、編集者たちに「みなさんはどういう基準で、面接のときの合否を決めているのか」

と訊いたことがあります。そういう人事にかかわる重要情報を聴き出して、学生たちに教えてあげようと思ったのです。

その編集者の方はどなたも、これまでに数百人の面接をしてきた経験者たちです。彼らが異口同音《いくどうおん》に言ったのは「会って五秒」で合格者は決まるということでした。

受験者がドアを開けて入ってきて、椅子に座って、「こんにちは」と挨拶をしたくらいのところで、もう○がつく人には○がついている。残り時間は、×をつける人に「どうやって気分よく退室していただくか」のサービス時間なのだそうです。就職試験に落ちた人だって、その後ずっとその出版社の潜在的な顧客なわけですから、「もう一生あの出版社の本は買わない」というような気分で去られては困る。だから、落とすことが決まっている人を相手にしたときは、なんとか話題を盛り上げようとする。そして、にこやかな雰囲気のうちにご退室願う。よく、面接の後で、「いやあ、すごく話が盛り上がっちゃってさ」と満面喜悦の人に限って落ちているということがあるそうですが、舞台裏はそういうことなんです。

逆に、もう○をつけちゃった人には「用がない」わけです。別にとくに話すこともない。だから、面接官も気持ち「巻き」で面接をする。面接官がなんだか早く終わらせようとしているので、ああ、もう落ちたと思っていたら、なぜか通っていたんです……という感想を聞くこと、これもよくあります。

でも、「会って五秒」でどうして決められるんでしょう。そもそも、何を見て決めているんでしょう。これが就活をしている学生たちには理解不能なんですね。

でも、それはわかるんです。この人といっしょに仕事をしたときに、楽しく仕事ができるかどうか、それを判定基準にしてるから。

似たようなことで、ゼミの面接があります。私のゼミは八〇人くらいが面接を受けに来ます。受け入れ上限が一五名で、うちが第一志望ではない学生もいますから、面接の段階で、とりあえず二〇人くらいに〇をつけて絞り込むことになる。どういう基準でそれをやるのか。

こんなことがありました。面接は研究室でやるんですけれど、会議が延びて、開始時間に遅れてしまった。「ごめんね、遅くなって」と詫びてドアを開けようとしたら、「ちっ」と小さく舌打ちした学生がいた。これはもう瞬間的にペケですね。面接が始まる前にペケ。学生たちを中に入れて、「適当に座ってください」と言ったときに、入り口近くの椅子にどんと座って、あとの学生の通り道を塞《ふさ》いでいる学生がいる。彼女のせいで廊下にいる学生が中に入れない。これもペケ。「私、次に授業があるので、最初に面接してくれませんか」といきなり言い出す学生もペケ。同じグループに知り合いがいるのを見つけて、あたり構わず大声でおしゃべりを始めるのもペケ。

わかりますよね、私の基準。実際にゼミを始めたときに、ゼミの対話的、互恵的な雰囲気を壊すような学生ははなから採らないということです。その学生が個人的にどれほど知力に優《すぐ》れていようとも、ゼミの全員が気分よく勉強する妨げになる可能性があれば、私は採りません。

面接開始前にすでにペケをつけられた学生は、おそらくここでも受験勉強と同じルールが適用されると考えていたのでしょう。これは個人の能力の格付けである、と。そうである以上、中学高校時代に会得した経験則を適用できるはずだ、と。教場に遅刻してきた教師に舌打ちしたことを理由にテストの点数を（少なくとも意識的に）下げる教師はいません。学習環境に「合法的な妨害」を加えることで競争相手のテンションを下げ、相対優位に立つことは、ほとんど当然のマナーとして許容されています。

でも、残念ながら、ゼミは受験校の進学クラスではありません。ここはすでに「実社会」の先駆的形態です。ここは競争の場ではなく、協働の場なのです。個人的に能力が高くても、集団のパフォーマンスを上げることに貢献できない人はここには受け入れられないのです。

労働のルール

社会的活動というのは「協働」であって、「競争」ではありません。ここにいらしている社会人の方々は身にしみてご存じでしょうけれど、学生院生の方たちには、そのことをまず飲み込んでいただきたいと思います。

集団で作業し、それぞれがその専門的知識や技術を提供し合い、その協働の成果はみんなで分かち合う。リスクも損害もみんなで分かち合う。それが労働のシステムです。そういうシステムに適応できる人間を労働の場は選択しようとしています。

ですから、真にビジネスライクなビジネスマンは、「個人的能力はそれほど高くないが、周りの人のパフォーマンスを上げることができる」タイプの人を、個人的能力は高いが、協調性に欠けるタイプの人よりも優先的に採用します。これは受験勉強ではありえないことですね。

ヤマダくんはある教科でいつも一〇〇点をとる。スズキくんは八〇点しかとれない。でも、〇点ばかりとっている隣のサトウくんを気の毒に思って、やり方を教えたので、サトウくんは三〇点がとれるようになった。一〇〇点のヤマダくんが八〇点のスズキくんより高い評価を受けるのは、受験では当たり前のことです。でも、労働の場では違います。労働の場ではスズキくんの点数には、「彼の支援でパフォーマンスが上がった人の点数」が加算される。だからスズキくんはヤマダくんより上位に格付けされる。

これで面接官が「五秒で決める」ことができる理由がおわかりになりましたか？　彼らは、

今目の前に立っている受験者がそこにいるせいで、自分の気分が「少しよくなった」のか「少し悪くなった」のかを吟味しているのです。受験生をチェックしているのじゃなくて、自分の身体感覚をチェックしているのです。

人がドアを開けて、椅子に座るまでの時間で、その人が周りの人の気分を軽く、浮き立たせてくれる人か、周りにいる人を気鬱《きうつ》にさせるタイプの人か、だいたいわかってしまうんです。ドアを開けてから、面接が始まるまでの、いわば「その場に身体をなじませるまでの数秒間」だけでも、その人が同時に入室する人の動線を塞ぐタイプの人間か、場の段取りが悪いと「舌打ち」するような他責的なタイプの人間かはわかってしまいます。気の毒だけど。

「労働」の場とは言い換えると「協働」の場のことです。

そこに求められるのは受験校の教室で求められているような「一人だけを際だたせ、周りの人間を凡庸で愚鈍な人間に見せる」知識や技術ではありません。逆です。その人がそこにいると、その感化力で、周りにいる人たちが少しだけ元気になって、少しだけ輝きを増すような、そういう「集団のパフォーマンスを高める知識と技術」が何よりも求められている。

だから、就活の面接のコツは簡単と言えば簡単だよといつも学生には言っています。「自分をよく見せよう」と思わないで、その場にいる人たちが（いっしょに面接を受けている競争相手も含めて）気分がよくなるようにふるまうことです。集団面接でディベートなんかやるときに、周りの人間を黙らせて、ひとりで滔々《とうとう》と自説を述べるような人間はまともな組織は「ノー・サンキュー」です（そんな学生を優先的に採るような企業はじきにつぶれますから、ご安心ください。そういう点では「マーケットは間違えない」というのはほんとうです）。むしろ、みんなが気分よく話せるように「ファシリテイト」するタイプの人間が高く評価される（こういうとすぐ間違える人がいますけれど、「ファシリテイト」するというのは「仕切る」とは違いますよ。むしろ「受ける」です。誰も理解できないジョークにもにっこり笑ってあげるとか、そういうことです）。

ともかく、就職活動で、学生たちはそれまで自分たちが「競争」の過程で教わってきたこととはぜんぜん違う基準で選別されるという経験をします。もし「キャリア教育」というものが必要であるとすれば、私は私が今したような話を学生たちに聞かせるのが、いちばん現実的だと思います。労働するとはどういうことで、その場ではどういう種類の人間的資質が評価されるのか。それを教えるのが「キャリア教育」であるなら、私は「キャリア教育」の充実には大賛成です。

でも、文科省や産業界が考えている「キャリア教育」はそういうものではぜんぜんありません。彼らは相変わらず「個人の付加価値をどこまで高めるか」ということしか言わない。そして、現実にどこの大学でも、「労働市場における卒業生＝労働者の売り値をどこまで高くできるか」ということに焦点化した教育を「キャリア教育」だと思い込んでいる。だから、そのような「キャリア教育」の成果として、大量の転職者、離職者が構造的に誕生するのは当たり前なのです。

能力の高いものほど離職する

能力の高いものほど離職する。アメリカではそうらしいですね。一つのポストに長くいる人間はろくなものではない。労働者はその卓越した個人的能力によって「ヘッド・ハンティング」されることを願わなければならない。次々とより条件のよいポストがオファーされる人間が労働市場における成功者である。そういう考え方があります。それを日本にもそのまま持ち込んできた人たちがいます。悪名高き「グローバリスト」のみなさんです。もう、この人たちもだいぶ歴史的検証によって評価が下がってきて、遠からず社会的影響力を失うでしょうから、いまさら「溺《おぼ》れる犬を叩く」ようなことはしたくないのですが、ことの筋目として、どうして「こういう考え方」が日本人の労働観に入り込んできて、それをねじまげたのかについては言うべきことは言わねばなりません。

ご存じの通り、四月に入社したばかりの新入社員たちの相当数が、五月、六月の段階で、すでにリクルートの「転職サイト」に登録して、週末になると「転職セミナー」や「転職説明会」に通い詰めるという風景はすでに「春の風物詩」になりつつあります。でも、どうして、入ったばかりでいきなり転職したくなるんでしょう。転職希望者の言い分のほとんどはもちろん「こんなつまらない仕事をするために会社に入ったのではない」ということですが、もう一つよく口にされるのが、「評価が遅い」ということです。これは前にお話しした「やりがい」という言葉と対になっています。「評価が遅い仕事は厭だ。もっとやりがいのある仕事がしたい」。

「やりがいのある仕事」というのは、前に行った定義によれば、「個人の努力が報酬と相関する仕事」のことです。やることを自己決定でき、結果については自己責任。つまり、利益が上がればすべてを占有でき、損失が出ても誰もリスクヘッジしてくれない仕事。それが「やりがいのある仕事」というわけです。

これはそのまま「受験勉強の構造」であることがおわかりになりますね。受験というのは、「そういうもの」です。「定期試験」というくらいで、試験をやる日も採点した答案が戻される日もあらかじめわかっている。勉強すれば点数が上がる。しないと下がる。成績は学期末に通知表に記載されて、決められた日に開示される。努力に対する評価が開示される日時が決まっている。実はこれこそが「受験勉強の構造」の際だった特徴なのです。

さて、「努力」の形態として受験勉強しか知らない若者たちが「努力の成果が、いつ、どういうかたちで戻されるか、わからないシステム」に放り込まれました。どうなるでしょう。「マーケットは間違えない」「マーケットは無時間モデルである」というのはビジネスの基本ルールですけれど、実際には「マーケットは間違えない（といいな）」「マーケットは無時間モデルである（といいな）」です。これはビジネスマンの魂の奥底からの願望であり、そうなるべく彼らは必死の努力をしてはいますけれど、実際にはなかなかそうはなりません。相変わらずジャンクでゼロの商品が高値で取引され、ジャンクでゼロなビジネスマンが没落するまでに三十年くらいかかることがあります。

どうしてかというと、マーケットもやっぱりそれなりに「惰性が効いている」からですね。ジャンクでゼロの商品であっても、それが「老舗《しにせ》」のブランドのものであれば、「これがなかなかよいのだよ」と愛用してくれるありがたいお得意がおり、ジャンクでゼロの企業であっても、古株の番頭さんがしっかりしていて、さまざまな不始末の尻ぬぐいをしたりしていると、簡単には潰れないものです。

マーケットは定期試験ほどには評価査定が厳正かつ迅速ではありません。四月に入社して五月、六月にもう転職先を探し始める新入社員は、もしかすると「四月に施行されたが、五月になっても六月になっても成績発表がない入学試験」を受けさせられたような気分なのかもしれません。努力に対する評価がどうして迅速に開示されないのか、それが彼らには理解できないのです。「うちの無能な課長よりもオレの方がはるかに仕事ができるのだから、ポストを入れ替えるべきだ」というような自己評価がすぐに物質化しないことが、たぶん「評価が遅い」という言葉として出てくるのでしょう。

受験勉強と仕事の違いのもう一つは、報酬が原理的には集団に対して戻されるということです。

受験勉強の場合、個人の努力は個人の成績として開示されます。けれども協働作業の場合、プラスの貢献も、マイナスの関与も個人成績としては開示されません。そして、ほとんどの人は（全員と申し上げてよいでしょう）外部評価よりも高い自己評価を自分に与えていますから、「なんでオレは仕事をこんなにがんばっていて、隣のスズキはぜんぜん働いていないのに、給料が同じなわけ？」という不条理に耐えることができないのです。

「餅」と「あんこ」

これは城繁幸さんの『若者はなぜ3年で辞めるのか？』を読んで痛感したことですけれど、この本に出てくる離職・転職者たちは、みなさん「個人の努力の成果がそのまま報酬として戻されるシステム」を要求しています。「オレのリスクはオレが取る。オレの利益はオレが取る」、そういうシステムなら働くが、他人がオレの努力の成果を横からさらってゆくよなシステムなら働きたくない。

その結果、この人たちは「モジュール化された仕事」を優先的に選択するようになる。理由はわかりますね。「モジュール化されている」ということは仕事の進め方について、誰の同意も求めなくていい、ということですから。どれだけの質の仕事をどれだけの時間をかけてやっても、それは自己責任である。人が二週間で仕上げる仕事を一週間で仕上げれば、単位時間当たりの給料は二倍になる。努力と成果が相関します。

前にも使った喩えですが、二人で団子を作っていた。それをモジュール化して、一人は餅《もち》をこね、一人はあんこを作ることにした。お互いに相手に干渉せずに、好きなようにやる。分業のせいで作業はスピードアップした。自分の分担が終われば早く帰ってもいい。「餅は美味いが、あんこはいまいち」と言われても、「あんこ作ってるのはオレじゃないから」で気にしないでいられる。というより、団子全体についての包括的評価ではなく、個別評価こそ彼の望んだことなのですから、これでいいわけです。しかし、モジュール化には重大なピットフォールがあります。「餅こね」モジュールを選択したために、「つぶあん」の代わりに「こしあん」にしたら美味しくなるのではないかといった隣のモジュールの仕事にかかわる提言をすることができない。「餅」の代わりに「クレープ」を巻いたらどうかというような提言もできない（その場合は「あんこ」の重量や形状を変えなければいけませんからね）。もちろんこれに「いちご」モジュールを加えて、「いちご大福」というようなハイブリッド商品を開発することもできません。モジュールの組み替えや加除は「マネジメント」の仕事ですから。「モジュール化」した仕事を選択し、「誰にも干渉されない自由」を得る代償に彼は「他人の仕事に干渉する権利」を差し出したわけですから、「マネージ」という仕事は原理的に彼の「ジョブ」には含まれません。でも、「マネージする」権限を差し出すということは、要するに階層組織の下層に釘付けにされるということを意味します。「誰にも迷惑をかけない代わりに、誰からも迷惑をかけられたくない」という人は、ある日気がつくと、狭い穴ぼこにうずくまっている自分に気がつくことになるのです。気の毒だけど。

ジョブとグレーゾーン

ビジネスの経験のある人はご存じでしょうけれど、組織をクラッシュさせるようなミスは「ジョブ」の中には生まれません。「私のジョブ」と「誰かのジョブ」の間の、誰の責任でもないグレーゾーンに発生するのです。それは最初はたいして危険なものには見えません。ちょっとかがんで拾い上げて、ゴミ箱に棄てればすむようなものです。でも、そのわずかによけいな仕事は誰のジョブにもリストアップされていない。だから、誰の責任でもない。「これはオレの仕事じゃないよ」と言えば、それで通る。そして、それがいつか組織全体を飲み込むような巨大な「穴ぼこ」になってしまうということがよくあります。

巨大な組織が潰れるのはほとんどそういう仕方においてです。何かのきっかけで前任者の犯したミスが発見される。前任者はもうとっくに退職している。そのミスを被害評価をして、腐って使えないところを全部修正しようとすると大仕事になる。よけいな仕事を抱え込んで本務に支障を来《きた》せば、自分の評価が下がる。だったら、在任期間中に事件化しなければいい。ミスの始末は自分の後任者に任せよう……そういうふうにして誰も「ゴミ」を拾わなかったせいで、いつのまにか組織ごとゴミに埋もれてつぶれてしまったというケースを私たちはバブルの時代にうんざりするほど見てきました。近くは社保庁がそうですね。年金記録の管理ミスは四十年前からわかっていた。でも、歴代の長官が誰一人それを自分の責任において処理することをしなかった。全員が在任中に事件化しなければいいと考えて先送りしたせいで、社保庁という組織自体が消滅することになった。どの場合も、最初はたいしたミスではないのです。でも、そのミスは誰の「ジョブ」にも配当されていない。だったら「私の責任ではない」という言い方が通ると思っている人ばかりの組織は、遠からず必ず破綻します。

ミスはジョブの外側にある。だから、誰か最初に気づいた人がそれを「あ、オレがやっときます」と言って処理すれば、それで終わる。そのわずかによけいな仕事を忌避するか受け容れるかが、しばしば共同体の存亡を決定する。でも、その人のその貢献は誰も知りません(本人も自分が組織を救ったことを知りません)。そのような誰にも評価されないし、本人も評価を求めない「ジョブ外」のよけいな仕事を誰かがいつのまにか片づけているかどうかが、実は組織にとっては死活的に重要なのです。

でも、「モジュール化」した仕事を選択した人、自分の「ジョブ」についてだけ評価を求め、報酬とリスクを独占することを求める人には、そのような組織論はもとより理解の外です。

もうひとつ大事なことはこの「ジョブ」と「ジョブ」の間のグレーゾーンには、ミスの芽だけでなく、ビジネス・チャンスの芽もまた潜んでいるということです。イノベーションというのはつねに「誰の責任範囲でもなく、誰の権限も及ばないところ」に生まれます。

十九世紀末に、東欧ロシアでの反ユダヤ主義的迫害を逃れたユダヤ人たちはアメリカにやってきました。けれども、既存の業界はもう完全に先行世代の移民たちのギルドに押さえられていました。ユダヤ人たちにはどの業種も参入機会が与えられませんでした。しかたなく、ユダヤ人たちは「誰もそこにビジネス・チャンスがあると思っていなかった領域」に入り込みました。金融、ジャーナリズム、そしてショー・ビジネスです。「ニッチ・ビジネス」という言葉が示すように、ビジネス・チャンスはつねに、もう資源分配が済んだはずの市場の「すきま」に発生するものです。

ロストジェネレーションは何を失ったのか?

ミスもチャンスもどちらもグレーゾーンに発生する。この経験則が、私たちの社会で現在進行している危機と、組織的停滞の理由を説明していると私は思います。

個人の原子化・砂粒化の急速な進行、「自己決定・自己責任」の呪文に煽《あお》られて、「モジュール化」された業務に「自分らしさ」の発現を求めている人々。

当節の格差社会論の論理的な瑕疵《かし》については、これまで何度も書いてきたので、もうここでは詳細にはわたりませんけれど、「自己決定・自己責任」すること、「個性的であること」への病的なこだわり、「協働」という生き方に対するつよい忌避とそれがもたらす「共同的に生きる能力」の不足が若者たちを非正規雇用や劣悪な労働条件に追い込んでいるということは、重ねて確認しておく必要があると思います。

以前、ネットカフェ難民を取材した記事の中で、「このカフェでもう半年も寝泊まりしている難民が三〇人いるのです」と訴えていた若者のインタビューを読みました。読んで、びっくりしました。え、三〇人もいるの？　と。同じ苦境に追い込まれて、同じ立場にいる人間が三〇人もいるのに、彼がその中に一人の「仲間」も見出すことができなかったことに驚いたのです。だって、ネットカフェって、一泊一五〇〇円するんですよ。一カ月で四万五〇〇〇円です。郊外ならトイレフロ付き二間のアパートが借りられる値段です。仲間を四人集めれば、一人一万円ちょっとでちゃんとフロのあるところで畳の上で寝られる。どうしてそうしないのか、それが不思議だったのです。

私は学生時代の全期間、ルームシェアをして過ごしてきました。そのとき習得したのは、「シェアする仲間の数が多ければおおいほど住環境は（衣食の環境も）向上する」ということです（「食の向上」は誰かがお金があるときに「買い置き」をしてくれるからで、「衣の向上」は「これ貸して」といって友だちのジャケットやセーターを借りられるからです）。

都会でひとりぼっちで暮らすときにはとにかく「仲間」を作って、互助的な共同体を作り、わずかな資源を共有して身を守るというのは、私たちの時代では「常識」でした。誰かに臨時収入があれば、みんなにおごる。誰かが病気になれば、手の空いた人間が看病する。それがもっとも合理的なソリューションでした。けれども、私がロストジェネレーション関連のものを読んだ範囲では、そういう「都会で、孤独に暮らす貧しい若者」が生きる上でいちばん合理的なソリューションがほとんど採択されていないということです。貧乏で非正規雇用だから「彼女ができない」というのはわかります。でも、貧乏で非正規雇用だから「仲間がいない」という理路が私にはわからない。そういう場合だからこそ、「仲間を作る」ということが彼ら全員にとって死活的に重要なわけでしょう。「仲間を作る能力の開発」が喫緊の人間的課題になるはずでしょう。

左翼の運動は社会理論としては欠陥の多いものでしたけれど、「弱い者、貧しい者の連帯」を根本的な組織原理としていたことは正しいと私は思います。「連帯」というのは「したい、したくない」という個人の好悪のレベルの問題ではなく、「しなければならない」ものとして観念されていた。少なくとも、一九七〇年代まではそうでした。共同体を形成する能力、組織を作り上げる能力、他者と協働する能力は子どもたちが最優先で開発すべき人間的資質だった。

椎名誠さんの『哀愁の街に霧が降るのだ』というのは、一九六〇年代末の東京下町の日の差さない六畳一間で椎名さんが二人の友人（木村晋介、沢野ひとし）と暮らした極貧時代の回想録ですけれど、お金がない、彼女がいない、未来が見えないという状況も、同じ境涯の「仲間」たちがいると祝祭的な日々として経験されるという消息が活写されています。

『哀愁の街』的な貧者の共同体はその時代には無数にありました。私の学生時代、新宿で飲んでいてお金がなくなったら、歩いていける範囲だけでも、一夜の宿を貸してもらえるそういう『哀愁の街』的なアパートの部屋はいくつもありました。当時の若者たちが今に比べて人間が博愛的であったとか、隣人愛にあふれていたとか私は思いません。そういう互助的なふるまいはごく「当たり前」のことでした。宿を貸すほうもとくに恩着せがましくもしないし、借りた方も別に恐縮するわけでもない。お互いさまということです。今の時代が失ったいちばんたいせつなものは、この「仲間と互助的な共同体を作って、貧しい資源を分かち合う」という作法ではないかと私は思います。それはでたらめな豊かさを謳歌した八〇~九〇年代に根こそぎ失われてしまった。だって、もう貧しくないわけですから。だれも互助も連帯も必要としていない。その二十年間に、日本人は「連帯する技術」をすっかり失ってしまった。

大学に何ができるのか

キャリア教育の本題に戻りましょう。どうして、今導入されようとしているキャリア教育が若者たちの働くモチベーションを高めることにも、就業機会の拡大にも役に立たないのか、その理由を述べているところでした。

キャリア教育の導入を希望しているのは企業経営者たちです。平たく、きわめて散文的に言ってしまえば、「使い勝手がよく、コストが安い人材」を彼らは要求しているわけです。これはビジネスマンだから当たり前のことです。「即戦力を」というのは、要するに自前で新入社員教育をするのに要するコストを大学に「肩代わりしろ」と、そういうことです。どうも最近の新入社員は「働くモチベーション」が希薄であり、同僚とのつきあいも悪く、一回課長に叱られたくらいですぐに辞めてしまう。これは大学の教育が悪いからだ。何とかしろ、というのが先方の言い分です。

「ふざけたことを言うな」というのが私の率直な気持ちです。

言いたかありませんが、子どもたちが働くモチベーションをなくしたのも、モジュール化された仕事しかやりたがらないのも、疑似家族的な企業体質が大嫌いなのも、自分の能力についての外部評価を受け入れないのも、これは私たち日本人が打って一丸となって国策的に推進してきたあの「グローバリゼーション」の輝かしい成果でなくて、何なのでありましょう。

消費単位を細分化するために「家族解体」を掲げ、自己決定できる消費生活のすばらしさを謳い上げ、「自分らしさ」とは尽きるところ「商品購入のことなんですよ」と二十年間メディアを通じて宣伝し続けてきた企業のみなさんが、今さらそれに頬被《ほおかむ》りして、「なぜ最近の若者は自分の消費生活を最優先して、他人と共同で労働することができないのだ」などと凄まれても、こちらだって返す言葉がない。そちらがそういう日本人を組織的につくり出すことに合意してきたという「犯意」あるいは「病識」を持っていないで、そういうことをべたで言われても、私は聞く耳を持たない。日本人みんな寄ってたかって「そういう子どもたち」をつくり出したのだから、政治家も企業経営者も自分の「割り前」は自分で負担していただきたい。私は私なりに学生たちにいかにして「働くモチベーション」を持ってもらうか、自分なりに工夫して努力をしている。だったら、そちらもそちらで「働くモチベーションの高い若者」をどうやってつくり出せるのか、自分の頭を使って自分なりのプログラムを考えていただきたい。

しかし、実際に大学が行っているキャリア教育は残念ながら大学の発意によるものではなく、だいたいは企業経営者の意を体したコンサルタントが大学に提案してきているものであり、その本態は相変わらず「自分らしさの追求」と「華やかな消費生活の実現」を若者たちに、ほとんど「国民の義務」として刷り込むことを繰り返している。

先日、ある「キャリア教育」の一部を拝見しました。フリーターをやると生涯賃金がいくら、結婚・出産などで途中退職したらいくら、正社員になって定年まで勤めるといくらという表を示して、「結婚などで休職すると生涯賃金が五〇〇〇万円違ってきます」と教えていました。自己実現の成否は要するに「生涯にいくら稼ぐか」で決められるという国策イデオロギーがここでもまた無反省に繰り返されているのを見て、私は深い徒労感に襲われたのでした。

第10講　国語教育はどうあるべきか

現代文に音楽性がなくなった

たいへん明快なプレゼンテーションで、重要な問題点を示していただきました。私の引用もずいぶんしていただきました。この機会に国語教育についての自説をまとめてみたいと思います。

論点をしぼって言いますと、今の日本の国語教育で一番軽んじられていて、かつ、一番重要なのは、最後に発表者が触れた「音楽性」ということだと思います。現代日本の国語教育で「音の問題」がほとんど考慮されていないことが、私にはどうしても納得がゆきません。

教科書に掲載されている現代文、とくに評論文のうちに音読された場合の響きのよさやリズムを考えて採用されたものはほとんどないのではないでしょうか。

それに対して、古典や漢文は音読に堪える。というか、話は逆ですね。古典や漢文を久しく音読してきたことによって、日本人の音感は形成されたわけですから、古典や漢文の音感を快く感じるのは当たり前なんです。とりあえず昭和の中頃まではその古典や漢文の読み下し文のリズムを標準設定にして、私たちの音感はかたちづくられてきた。でも、そういう「標準になる言語音感覚」は現代日本語にはもう存在しません。そういう標準的な設定がなければならないという発想自体がない。これは教育課程上の大きな問題だと思います。古典は「どのような音の響きを私たちは美しいと感じるのか」という判断の基準になっている。その基準がないと、日本人として話すときに、どういう言葉を美しいと感じるのか、どういう言語音はそうではないと感じるのか、その識別のための手がかりがなくなってしまう。

国語と音楽

能楽を習ってはじめて知ったことですが、能の基本はエイトビートなんですね。八割《やつわり》と言って、拍子に合うところの詞章は八拍で表記することができる。音の数が揃わないと、「もち」といって音を伸ばして、八拍に収める。能の音楽は日本的エイトビートなんです。ですから、能の謡《うたい》を聴いたり、稽古しているうちに日本的エイトビートのリズム感が身体にしみ込んでくる。ジャマイカの人がレゲエのビートで歩いたり、ご飯を食べたりしているのと同じで、もともと日本人はこの八拍のリズムを生活の基本リズムにしていたはずなんです。うちの大学の音楽学部の声楽の斉藤言子先生から、オペラはイタリア語でなければだめだという話をうかがったことがあります。オペラというものそのものがイタリア語の音韻に乗るようにつくってある。イタリア語で歌わないとやはりオペラにならない。モーツァルトには申しわけないけれど、『魔笛《まてき》』はドイツ語ですね。だから聴いていて、やはり微妙に耳障りなんです。そう申し上げたら、斉藤先生も同意されていました。ドイツ語のあの「ハッ」という喉頭音《こうとう》(glottal)がありますね。あれがどうもオペラにはなじまない。

このあいだ、ウッディ・アレン監督の『マッチポイント』という映画を見ました。すごくおもしろい映画で、主人公がオペラの愛好家という設定なので、オペラの場面が何度か出てきます。ところが、ある場面で、主人公がロンドンの劇場でオペラを聴いている。なんだかいきなり違和感があった。何だろうと思ったら、英語で歌っていた。英語のオペラは変なんです。英語とイタリア語では抑揚やリズムが違うから。斉藤先生も英語でオペラをやったことがあって、やはり英語ではたいへん歌いにくいそうです。

どの国語もその国語固有の抑揚とリズムがある。そして、日常会話の抑揚とリズムを音楽的に整えたものがその国固有の音楽になっている。現代の国語教育では、この国語固有の抑揚とリズムの構造を取り出し、洗練させ、身体化し、さらにそれを音楽的なものに昇華してゆくというプロセスが欠落しているように私には思えます。

日本語という奇妙な言語

日本語の音響の特徴は、たぶんその国語としての構造的な特徴と関係があると思います。というのは、日本語は世界でも今では例外的なものとなった表意文字（イデオグラム）と表音文字（フォノグラム）を混合した言語だからです。中国から渡来した外来語を漢字という表意文字で表記し、古来の「やまとことば」は「仮名」という表音文字で表記する。

それがどうしたと言われそうですけれど、こんな奇妙な国語を持っている国民は、韓国がハングルに統一し、ベトナムがアルファベット表記を採用して、いずれも漢字を棄ててしまったせいで、もう世界に日本くらいしか残っていないのです。日本語は表意文字と表音文字を並行利用している世界でも例外的な言語なのですから、それが日本人の言語音感に影響を及ぼしていないはずがない。

これは養老孟司先生からの受け売りですけれど、表意文字と表音文字は記号を処理する脳内部位が違うのだそうです。表意文字は「画像」処理し、表音文字は「音声」処理するのですから、担当する脳内部位が違って当然ですね。

失読症という病気があります。脳の器質疾患で、脳のある部位が損傷したことによって文字が読めなくなる。欧米の人は失読症になると、もうまったく文字が読めなくなる。けれども、日本人の失読症患者は「漢字だけが読めない失読症」と「仮名だけが読めない失読症」の二種類の病態をとる。つまり、損傷した脳の部位が「画像処理」担当か、「音声処理」担当かによって病態が変わるわけです。

脳内の二ヵ所で言語記号処理をするというような「変なこと」をしているのは日本語話者だけです。そこから「マンガ」という世界でも類例を見ない表現が生まれてくるのですが、話がそちらに入り込むともうきりがないので、その話はいずれまた。今日は音の話です。

「真名」と「仮名」

表意文字は中国から来た漢字です。昔はこれを「真名《まな》」と言いました。表音文字の方はその補助手段ということで「仮名」と言われた。このあたりのことはみなさんもご存じのはずです。平安時代に男性は「真名」を以て書き、女性は「仮名」を以て書いた。王朝文学は「仮名」という纏綿《てんめん》たる情感を叙することに適した表記法のおかげでその洗練を極めた。というあたりのことも、日本史でみなさんも勉強されたはずです。男性は漢文で書き、女性は

「やまとことば」で書いた。もちろん実際には紀貫之《きのつらゆき》のように女性の書き手になりすまして「仮名」を使うことのできる男性もいたし、紫式部や清少納言にはもちろん「真名」の素養もあった。でなければ『枕草子』にある「香炉峰《こうろほう》の雪」というような逸話は伝わらないでしょう。

けれども、この時代の日本人は言語を「性化」(sexualiser)して、男女が「違う言語」を使うという社会制度を構築していた。

これ、すごく、不思議なことなんですよ。このことを「すごく、不思議」だと思うと、言語についての考え方はずいぶん変わると思うんです。

私は前に『女は何を欲望するか?』という本で、フランス、アメリカのフェミニスト言語論を論じたことがあります。フェミニスト言語論者たちは「性化された言語」ということをさかんに主張していました。どういうものかというと、女性は「男性に性化された言語を使って思考し、自己表現することを強いられており、結果的に女性はその日々の言語使用を通じて、父権制を強化することに貢献している」。だから、「女性に特化した性化された言語を奪還せよ」という遂行的な主張に展開してゆく。

日本のフェミニストたちもこの言語論を丸呑みして、文学論や言語論を書いていたわけですけれど、これおかしくありませんか?　リュス・イリガライやショシャナ・フェルマンは

「女性に特化した言語」というものはかつて存在したことがない、ということを自明の前提にしてしゃべっている。だから、「女性に特化した言語」はこれから創造されなければならないという結論が導かれる。でも、『源氏物語』や『枕草子』は誰がなんと言っても「女性に特化された言語」による書き物でしょう。そして、その言語は実際にはジェンダーの垣根を越えて、男女の両方によって享受されていた。

欧米のフェミニスト言語論を(それをそのまま店先に並べている日本のフェミニスト言語論も)私が信用できないのは、彼女たちが「真名と仮名が並立していた言語文化が存在している」という事実を知らないで、あるいは無視して、「言語とは……」と一般論を語っているからです。日本語なんてローカルな言語のことは欧米のフェミニストは勘定に入れていない。彼女たちが問題にするのは、自分たちの国の言語だけなんです。世界中が全部「英語やフランス語みたいな言語」だということを前提にして言語について語っている。でも、それって、彼女たち自身が青筋を立てて批判している当の「エスノサントリズム」(自民族中心主義)の典型的なかたちじゃありませんか。

日本語では性化した言語が千年以上前から存在し、現在でもなお、人称代名詞から助詞の使用に至るまで、厳密に規定されたその文法を有しているという「事実」が現にある。これを彼女たちはどう説明する気なのでしょう。

「日本では女性は女性語の使用を強いられており、それが父権制を再生産している」というような教条主義的な遁辞《とんじ》を私は許しませんよ。だって、それはどう考えても、「すべての女性は男性語の使用を強いられており、それが父権制を再生産している」というフェミニズム言語論の基本テーゼと折り合わないから。「女性は女性語を語っていても、男性語を語っていても、いずれにせよ抑圧されているのだ」というのなら、言語について語る必要はない。「女性に特化された性的言語の創出」を求める必要などさらにない。

でも、日本のフェミニスト言語論者で、欧米のフェミニストが「日本語の特殊性」をまったく無視していることに異を唱えた人のあることを私は知りません。それに気づいたら、フェミニズム言語論ももう少し生産的な展開を示しえたかもしれないですけれどね。

まあ、そんなことを私がいまさらぐちぐち言っても始まらないので話を先へ進めますが、問題はどうして欧米語では「性化した言語」というものが存在せず、日本語には「性化した言語」が存在しえたのかということです。私はこちらの方に興味があります。

性化された言語を使えるのはもちろん、「真名」と「仮名」つまり、表意文字と表音文字という二種類の言語を日本人が使い分けていたからですね。『土左日記』を書いているときの紀貫之はおそらく脳内の「仮名」部位を活性化させて、「おんなのきもち」になってさらさらと書いている。そういうことができるんです。「仮名」の方が「本来の日本語」で、「真名」の方が中国からの「借り物」なんですから。「おんな」になって書くというのは、いわば「ふるさとのことば」で語ることですから。だから、日本には古来「おんなのきもち」になってさらさらと書ける男性作家は少なくなかった。谷崎潤一郎も太宰治もその達人でした。夏目漱石の作品はほとんどが「男」と「女」の間に穿《うが》たれた絶望的なコミュニケーション不調とそれが生み出す確執を描いていますけれど、「女」の側から見た「男の愚かしさ、厭らしさ」についての記述において、恐るべき正確さを実現している。そして、漱石の作品の中で「ほんとうのこと」を語っているのは、実はぜんぶ「女」なんですね。「女」の言葉は重く、確かで、「男」の言葉はそれに比べると、すべて軽い。「男」の言葉には、『吾輩は猫である』の苦沙彌《くしゃみ》先生や迷亭《めいてい》や『坊っちゃん』の赤シャツが代表するように、「外来のもの、借り物の思想や価値観」をほんものだと錯誤している「真名」的事大《じだい》主義が深々と刻印されている。この構造を漱石は熟知していた。だから、漱石の世界では根源的批判者はつねに「女」の言葉で男性的な虚構の世界を打ち崩すことになる。これは実は王朝文学以来の日本文学の骨法なわけです。

性化した二種類の言語がある。外来の言語は外来であり、ヴァーチャルであるにもかかわらず「正統」を名乗る。その外来語に「征服」された「土語《どご》」は「第二言語」という地位に甘んじ、政治や経済や学術の言語領域から放逐されはしたが、その代わりに、「正統」なる男性語に対する根源的批判者として生き続ける。実にダイナミックな構造だと思いませんか。私が知る限りの外国語のうちには、このような動的構造を内在させた言語はありません。そして、この動的構造は「表意文字と表音文字」「真名と仮名」を脳内の別の箇所で処理するという大脳生理学的事実に基礎づけられている。

日本語によるロック

「日本語をどうやってロックのビートに乗せるか」ということが一九六〇年代の日本のロック・ミュージック・シーンの一大テーマであったことを、今の若い人たちはもうご存じないでしょうね。でも、これは当時ほんとうに重要な問題だったのです。さきほどオペラはイタリア語じゃなければ「乗れない」という話をしましたけれど、ロックのビートは英語圏で生まれたものです。だから英語じゃないと「乗れない」。英語以外の言語に載せると(フランス語でもドイツ語でも)、それはロックには聞こえない。まして日本語です。ですから、六〇年代のロック・バンドはほとんどカバー・バンドでしたし、自分たちのオリジナル・ナンバーも英語詞をつけて歌っていたのです。

日本語をロックに載せるというのは、構造的に言えば、ロックビートに載せる歌詞として

「真名」を選ぶか、「仮名」を選ぶか、その二者択一の問題であったわけです。英語で歌うカバー・バンドの人々は「真名」を選んだ。日本人の聴衆には意味なんかわからなくてもいい、と。問題はサウンドなんだ、と。これはこれで一つの見識ですね。ロックにおいて優先するのは「サウンド」だという選択は正しい。でも歌詞の「意味」もどうにかして残したい。歌詞がすべて「真名」では「国民歌謡」にはならない。漢詩が国民歌謡にならないのと同じです。漢詩は読み下し文にしないと日本人は口承できない。

日本人は試行錯誤の末に、この試みに結果的には成功しました。その功労者として私は三人の名前を挙げたいと思います。それは漣《さざなみ》健児、松本隆、そして桑田佳祐です。

漣健児（草野昌一）は「訳詞家」です。原詞の「雰囲気」だけをとって、細かい言葉の意味はスルーしたので、厳密には「訳詞」とは言えないかもしれません。でも、アメリカのポップスの「気分」をそれにぴったりした日本語に載せたという点では最大の功績者でしょう。「カバー・ポップス」はまだ「日本語のロック」とは呼べません。それでも、漣健児の成功は以後の「日本語によるロック」の進むべき方向を実ははっきりと指し示していました。それは「仮名」、「おんなのことば」で行くということです。漣健児が選んだ坂本九というハスキーで中性的な声をもつ歌手の成功は、その正しさを証拠づけました。アメリカ発のロックやブルースやフォークが「反体制・反権力」という自己規定によって対抗文化となったのに対して、日本のロックはそれほどストレートに政治的なものとしてではなく、「真名的」なものに対する「仮名的」なものの異議申し立て（「泣きながら上を向いて歩く」青年のたたずまいのようなもの）を通じて対抗文化を創り出そうとしたのです。

音楽史的には「日本語によるロック」のトップランナーは「はっぴいえんど」であるということが定説になっています。細野晴臣、大瀧詠一、松本隆、鈴木茂の四人からなる「はっぴいえんど」はアメリカ的なロック・サウンド（直接の影響を受けたのは、大瀧さんによるとバッファロー・スプリングフィールドだそうですが）に松本隆の歌詞を載せたものです。松本隆の詞は文学史的必然として、「やまとことば」の系統に連なることになります。彼がその後、松田聖子はじめ多くの女性シンガーにヒットソングを提供したことから知れるように、松本の詞は「おんなのきもち」に焦点化したときに高い写実性と叙情性を発揮します。「やまとことば」系、「仮名」系言語の熟練した使い手であった松本隆が、ロックというどちらかというマッチョで、ワイルドで、バイオレントなサウンドに「それ」を載せたときに、意外なことにこれがぴたりと「はまった」。『十二月の雨の日』というのは、「はっぴいえんど」の最初の曲ですけれど、その歌詞は四季のうつろい、夕暮れの叙景、都会の青年の孤独をぽつりぽつりと点綴《てんてい》したものです。そこにあるのは、あるものをあるがままに受け容れ、殺伐とした都会の風景の中に隠れている美しいものを拾い上げ、おのれの心情のかすかな変化を吟味するという、「王朝文学」的なものでした。思えば、「やまとことば」はその最初のときから「外来のもの」を受け容れ、それと融和することによって生きながらえてきたわけですから、松本の選択は宿命的に正しかったわけです。

この後に「中興の祖」桑田佳祐が登場して、「日本語によるロック」はその完成を見るわけですが、この調子で歌詞論を始めると本をもう一冊書かねばならず、教育論の途中でそこまで寄り道する暇がないので、それは「いずれまた」ということにして、本題に戻りたいと思います。

日本語の二つの音楽性

ここまで話が転がればもうおわかりでしょうが、日本語の音韻やリズムにも「真名」的なものと「仮名」的なものがある。私はそう考えています。

「人生意気に感ず、功名誰か復《ま》た論ぜん」とか「風蕭 蕭《しょうじょう》として易水《えきすい》寒し壮士ひとたび去ってまた還らず」といった漢文のマッチョで、クールな語感と、「かたぶくまでの月を見しかな」とか「われてもすゑにあはんとぞおもふ」といった柔らかく、湿度の高い語感は、別の音楽性、別の音楽美学に属しています。古来、日本人はこの二つの音楽を「混淆《こんこう》する」かたちで文学の音楽性をかたちづくってきました。音韻もリズムも美意識も違う二種類の言語体系が一つの国語のうちに等権利的に同居している。そして、たくみな「言葉使い」はこの二種類の言語のあいだをアクロバティックに往還してみせた。

近現代で指を折るならば、成島柳北《なるしまりゅうほく》、夏目漱石、永井荷風、太宰治、谷崎潤一郎、石川淳、三島由紀夫、橋本治といった人々はこの二つの言語をたくみに架橋することのできた書き手です。彼らはあえて言えば、「日本語バイリンガル」と呼ぶことができるでしょう。美しく、響きがよく、ロジカルで、繊細で、かつ雄渾《ゆうこん》な日本語というものを日本語の理想とするならば、この「二つの日本語」の間を自由に遊弋《ゆうよく》できるような闊達な言語運用能力を涵養することではないか、と。私はそのように思うのであります。

はじめに言葉ありき

古典は理解するものではなく、暗記するものだと三浦雅士さんがどこかで書かれていました。例えば、「ひさかたの光のどけき春の日に静心なく花の散るらむ」という古歌があります。中学生はまずそれを暗記させられます。「光のどけき」とはどういうことか、「静心なく」とはどういうことか、そんなことはとりあえずどうでもよろしい。まず暗記する。そして、ずいぶん年が経った後に、ある春の日にふとその古歌が自らの実感として口から洩れ出ることがある。その瞬間に、歌と感覚のあいだに回路が繫《つな》がる。「静心なく花の散る」とは「ああ、このことだったのか」と実感される。

ある春の日にふと感知した、ごくごく微細な身体感覚がこの古歌によって名づけられる。未定型だった感覚が言葉に分節されて、くっきりとした輪郭を持つようになる。その感覚はこの歌を知らなければ、おそらく意識化されることのなかったものです。ある美的感覚が、この古歌とリンクしたことによって「受肉」し、記憶され、他者に伝達可能になる。

言葉を学ぶというのはそういうことですね。赤ちゃんが言葉を覚えるときと同じです。私たちはまず言葉を覚えます。意味がよくわからない、何を指すのかわからない。それでいいんです。言葉を裏打ちする身体実感がないというその欠落感をずっと維持できているからこそ、ある日その「容れ物」にジャストフィットする「中身」に出会うことができる。文字と読み方だけ知っていて、意味がわからない言葉というのは、磁石が鉄粉を引き付けるように、「その空虚を充塡《じゅうてん》する意味」を引き寄せます。欠落感をいつも感じているからこそ、その欠落感を埋める方向に感覚が深化してゆく。そして、ある日、自分の身体実感を言葉にしようとしたときに、三十一文字が口を衝いて出て、古歌に託された心象と自分のそれが重なり合う。そういう経験だと思います。

だから、まず言葉のストックが必要になる。まず言葉のストックをどんどん増やしてゆく。その「私の実感によって充塡されていない空語」が「私の実感」を富裕化させる。「思いがあまって言葉が足りない」という「言葉の貧しさ」と、「言葉があまって思いが足りない」という「身体実感の貧しさ」がある。ふつうの国語教育者は「思いがあまって言葉が足りない」というのが子どもの言語状況であると考える。それゆえ「思っていることをそのまま言葉にしなさい」という国語教育を行う。

でも、それは逆だろうと私は思っています。

子どもの言語状況は「言葉があまって思いが足りない」というかたちで構造化されるべきでしょう。それゆえ、美しく、響きがよく、ロジカルな「他者の言葉」に集中豪雨的にさらされるという経験が国語教育の中心であるべきである。私はそういうふうに考えています。

まず自分の「思い」が先にあって、その「思い」を「そのまま言葉にする」のが国語教育だという仮説を採用すると、子どもがある幼児的な身体感覚にふさわしい幼児的な語（例えば「むかつく」とか「うざい」とか）で満たされたとき、それ以上自分の言語を豊かにしなければならないという動機づけは失われてしまいます。現に、「思いをそのまま言葉にする」という課題は達成させられてしまったわけですから。ですから、仮にそのあとの言語的進化があったとしても、それは「むかつく」という語をＴＰＯによって三六通りに使い分けるというような方向に向かうしかない（現に、日本の子どもたちの言語状況はそういう方向に向かっているように思われます）。

たしかにそれも「身体感受性の肌理《きめ》を細密化する」という定義に従うなら、言語的成長ではあるのです。でも、この種の「差異コンシャスネスの肥大化」は好ましいことではありません。それは、文学的比喩を使って言えば、「午後五時三十分の黄昏《たそがれ》と午後五時三十一分の黄昏のニュアンスの差」の析出にありったけの知的リソースを投じたために、払暁《ふつぎょう》についても白昼についても深夜についても語る言葉を持たなくなってしまった人に似ています。

子どもたちはまず「言語的ひろがり」のうちに投じられるべきだと思います。自分の手持ちの身体実感では推し量ることができないけれど、言葉だけは知っている。そういう言語状況こそが教育的であろうと私は思います。「臍《ほぞ》を噛《か》む」とか「怒髪天《どはつてん》を衝《つ》く」とか「心頭滅却すれば火もまた涼し」というような言葉はどうしたってまず言葉だけがあり、身体実感の裏づけなんかふつうの子どもにありはしません。でも、その言葉を知ったことによって、身体感受性は子どもを閉じ込めている日常的制約を超えて、「外へ」拡がろうとする。私はそういうふうに子どもたちの触手が「外へ」と拡がる契機となるものを、総じて「教育的」と呼ぶことにしています。

思いと言葉の乖離

感情があって言葉が出るのか、言葉があって感情が形成されるのか。これはむずかしい問いですけれど、「言葉が感情を作り出す」メカニズムについて、私たちはもう少し理解を深めるべきではないかと思います。

「売り言葉に買い言葉」と言いますが、言うつもりのなかった言葉が思わず口に出て、その言葉が強い反発を引き起こし、それに対してまた言うつもりのなかった言葉で応酬して、いつのまにか収拾のつかない修羅場《しゅらば》になった……ということはどなたもご経験があると思います。こういうとき現実の人間関係を決定するのは、「そんなこと思っていなかった」という内面的真実ではなくて、実際に口に出されてしまった言葉の方です。「そんなつもりで言ったんじゃないんだ」という後からの言い訳は、その言葉によって現に怒ったり、傷ついたりした人がいる以上、通りません。

現実の人間関係では「内面」よりも「言葉」が優先的に配慮される。これは当たり前ですね。でも、個人においても同じことが起きていると私は思います。「内面」よりも「言葉」が実は個人でも優先している。私たちが怒るとき、あまり怒りの感情が高まってこないとき、私たちは怒気《どき》を強める。怒声を張り上げる。そうすると、自分が口に出した言葉につられて、内面の怒りの感情が沸騰《ふっとう》してくる。まず、怒りの感情が内面にあって、それがふさわしい言葉を選んで表出されるのではなく、ある言葉を選択したことによって、その言葉にふさわしい感情が内面に形成される。「愛してるよ」というのも同じです。別に内面に沸き立つような愛情がなくても、常住坐臥《じょうじゅうざが》「愛してるよ」と言い続けて、その言葉にふさわしい立ち居ふるまいをしていれば、相手だって気分がいいから、当たりが柔らかくなり、気遣いも生まれ、関係が良好になる。そうなると、こちらも気分がいいから、相手を愛おしむ気持ちが内面に醸成されてくる。そういう経験はどなたもおありだろうと思います。

これを「言霊《ことだま》の力」と言ってもいいと思います。言葉にはそれだけ人間の内面を操作する力がある。けれども、国語教育関係者の方々は果たしてこの「言霊の力」というものに十分に配慮されているであろうか。私にはどうもそのようには思われない。

まず「内面」に「言葉になる前の思い」があって、言葉はその不完全な媒体であると考えているのではないか。言葉は「不完全な媒体」である。これを改良すれば、「思い」の運搬具として性能がよくなり、「思いを伝えられるようになる」、そのようにお考えになっているのではないか。

この考え方のうちには、「内面」というものが言語という「表象手段《ひょうしょうしゅだん》」に先行してすでに存在しているというプラトン的二元論が深く根づいています。まず「イデア（原型）」がある。それが具体的「個物」において実現される。哲学的にはわかりやすいし、使い勝手のよい定式です。でも、教育の現場の問題として見ると、「まず内面がある」という前提を採用したことによって、日本の子どもたちの言語が底なしに貧しくなってきているという事実を重く見なければなりません。

もし、「私は内面が豊かであるが、言葉が足りないだけである」という仮説を子どもが採用した場合に（現実に多くの子どもはそのような前提を採用しています）、その子どもにとって言葉はつねに「従属的」地位に置かれることになります。そうですね。言葉の仕事は「主人」である「内面」の欠落感を満たすために奉仕することになります。言葉は「従者」である、と。そうなったら、もう言葉はひたすら痩せてゆくしかない。

「言葉が思いに届かない」という欠落感があれば、「言葉を豊かなものにする必要がある」というふうに子どもたちは考えるだろうとみなさんは思うかもしれない。でも、現実にはそうなっていない。「言葉が思いに届かない」という欠落感を「言葉という制度的・惰性的な擬制」よりも、「沸き立つような自分の内面の感情や思念の純粋さ、力強さ、生き生きとした実感」の方が上位に置かれるべきだというふうに多くの人々は翻訳しています。「言葉にできない」という事実をむしろ「内面」の純度の高さや無垢性のあかしであると考えてしまう。だとすれば、「思いを言葉にできない」頻度の高い人間ほど、純粋で無垢で汚れを知らない人間だということになる。現にそういう臆断《おくだん》が私たちの中にはもう深く、手のつけられないほど深く根づいている。

だから、例えば、「私たちは私たちの経験を語る言語を構造的に奪われている」というような言い回しをする人がいる。フェミニズム言語論もポスト・コロニアリズムの言語論もそういうロジックを採用した。

でも、私たちの中に、自分の経験を語れる言葉をあらかじめ装着済みで生まれてきた人間なんか一人もいません。自分の固有の経験を語る固有の言語なんか誰も持ってはいない。そもそも持つ意味がない。「固有の言語」というのは定義上「誰にも通じない」もののはずですから。

言語は他者と分かち合うことでしか存立しない。そうである以上、一〇〇パーセント自分に固有の内的経験を語りうる言語などというものが存在するはずがないし、そのようなものを望むべきでもない。という単純な事実を忘れて、相変わらず「思いを言葉にできない」と人々は泣訴《きゅうそ》している。

「思い」というのは、「言葉にできないことがある」という事況そのものを言い換えた語にすぎません。「思い」が言葉の前にあったわけではありません。言葉を発したあとの「その言葉では汲み尽くされていない何かがまだ残っている」という感覚が導き出したものです。

いっそ「幻影」であると申し上げてもよい。

例えば、私が原稿を書く。数頁書いたあとに、もう一度読み返してみる。すると、どうも「しっくりこない」ところや「気に入らない」ところが散見される。そこを直す。この文章を書いたのは私である。それを「しっくりこない」と言っているのもやはり私である。「思い」はどちらの「私」にあるのか。さらに、数日後、数十頁書き進んだあと、また読み返して、「ここは要らない」とか「これでは論旨が通らない」とかいって、ざくざくと削除するのも私である。いったい「思い」はどの「私」にあるのか。そんなものはどこにも実体としてはありません。あるのは「思いと言葉はつねに乖離《かいり》している」という実感だけです。その乖離感が私たちをさらに言葉を紡ぐことへと駆り立てる。

だから、思いと言葉の乖離感は嘆くべきことでも、不満に思うことでもない。それは私たちを成長させる契機である。私はそう思っています。それは私たちを「他者の言語」へ、「外へ」と誘うからです。

第11講

宗教教育は可能か

葛藤と安定

宗教教育について、宗教的情操の涵養について問題を出してくださいました。宗教性とは何か。そのおおもとのところの言葉の定義が済まないと、宗教教育については語るわけにはゆきません。

私自身は宗教性ということをこんなふうに考えています。自分を無限に拡がる時間と空間の中のわずか一点にすぎないという、自分自身の「小ささ」の自覚、そして、それにもかかわらず宇宙開闢《かいびゃく》以来営々と続いてきたある連鎖の中の一つの環《わ》として自分がここにいるという「宿命性」の自覚。この二つだろうと思います。

吹けば飛ぶよな粒子のようなものにすぎないのだけれど、にもかかわらず私には遠く理解の及ばないある連鎖の結果として、他ならぬこの時間にこの場所にいる。私はとりあえずある種の生命の運動の繋がりの末端におり、私を起点にして、さらにそれが続いてゆく。自分自身の存在の不確かさと確かさを同時に感じるということ、あるいは自分が存在することの偶然性と必然性を同時に感じるということ、それが宗教的体験ではないかと思います。

「不確かであると同時に確かである」という言い方をすると厭がる人がいます。どちらかに片づけてくれないと気持ちが悪い、と。しかし、実際にはそんな簡単にどちらかには片づけられない。人間というのは必ず葛藤のうちにある。宙づりにされていて、どうにも落ち着きが悪いというのが人間性の本態なのですから、これはがまんしてもらわなければならない。すべての人間的資質は葛藤を通じて成熟する。これは経験的にたしかなことです。あらゆる感情は葛藤を通じて深まる。

例えば、私たちは人を愛します。人を愛さずにいることはできない。人を愛することのもっとも高度な形態は「その人なしでは生きていけない」というかたちをとります。「あなたなしでは生きていけない」という言葉はもっとも純粋な愛の言葉ですけれども、もしそれが事実なら、「あなた」を失ったときに、「私」は生きる意味も生きる支えも失ってしまうということをそれは意味している。しかし、「あなた」は実にしばしば私の前から姿を消す。わずかな行き違いから、あるいは偶然の事故や病によって。だとしたら、自分の幸福をたしかなものとして安定的に保持したいなら、「人を愛すること」はできるだけ避けた方がいいということになります。親も子も配偶者も友人も師も弟子も、およそその人を失うことが自分に深い喪失感を及ぼしそうな人をいっさい持たない、作らないというのが、人間として賢い生き方だということになる。

けれども、私たちはそんな空虚な人生におそらく耐えることができないでしょう。その人を失うことによって自分の人生が致命的に損なわれるような「危険な関係」を他者と取り結ぶことを私たちは切望している。

変な話だとは思いませんか?

私たちは美しいカットグラスをていねいに扱う。仮にそれと形状も持ち重《おも》りも肌触《はだざわ》りもまったく同じ「割れないグラス」があったとして、私たちはその「割れないグラス」に対して、「割れるグラス」と同じような愛着を持つことができるでしょうか。たぶん、持つことができないと思います。でも、これも変な話ですね。「決して割れないグラス」と「まだ割れていないグラス」は、今ここではどちらも「割れていないグラス」という点では同格のはずです。にもかかわらず、私たちは「まだ割れていないグラス、割れる可能性のあるグラス」の方に心惹かれるものを感じる。それは、そのグラスが手から滑り落ちて、砕け散ったときの喪失感を「前倒し」で受け取っているからです。不思議なものですけれど、この「前倒しの喪失感」がそのグラスを使っているときの快楽を増している。

あるいはたいへんにおもしろい小説がある。読んでいるときは、だんだん頁が残り少なくなってゆくのが惜しくてならない。ああ、この楽しみもあと数時間で終わってしまう……と思うと、読む速度をわざと遅くしたりして、読書の快楽を引き延ばそうとする。でも、それではというので、「エンドレスの小説」というものを与えられたら、私たちは喜ぶでしょうか。終わりのない小説。どこを読んでも、どこもおもしろい小説。まさかね。そんなものは存在しません。というのは、読書の快楽はこの快楽が終わることが確実であるという事実に担保されているからです。それは愛のもたらす快楽と構造的には同じものです。

前にも話したことがありますが、自分の子どもが生まれたときにそのことを強烈に感じました。自分の遺伝子の受け渡しが終わった。次世代にDNAが継承された。そのことによってドーキンスの「利己的遺伝子」的な考え方からすれば、私の仕事はもう終わったわけです。もうDNAは次の遺伝子に「乗り継ぎ」された。それは「もう、おまえは死んでもいい」ということです。子どもが生まれた瞬間に、生物としての仕事を成し遂げたという安心感と虚脱感が同時に来る。動物の中には交尾が終わると同時に死んでしまうオスがいくらもいるわけですから、この安心感と虚脱感は十分に根拠のあるものです。でも、それだけでは終わらない。

今度は自分から生まれた子どもを守り、次世代にこの子がDNAを「パス」できる状態まで養育しなければいけないという新たな義務感が湧いてくる。これもまったく想像もしていなかった種類の情動でした。つまり、「もうおまえの仕事は終わった。もう死んでもいい」というメッセージと「石にしがみついてでも生きろ」というメッセージが同時に来るんです。「死ね」と「生きろ」という相反するメッセージが同時に到来する。子どもを持つというのはこういう経験のことなのかと、そのときに驚嘆したことを覚えています。人間の本態は葛藤であるというのは、そういうことです。人間のすべての感情は葛藤を通じて形成される。不思議な話ですけれど、葛藤しているときが人間はいちばん自然で、いちばん安定しているのです。

合気道の呼吸法に「呼吸操練」というのがあります。中村天風《てんぷう》先生が考案された呼吸法を私たちの師匠の多田宏先生が稽古にとり入れたものですが、その最初の呼吸が「踵《かかと》を上げて息を吸い、踵を下げながら息を吐く」というものです。爪先立ちになった状態で軽い瞑想《めいそう》に入る。これは非常にむずかしいのです。自分の筋肉や骨格を微妙に動かしてバランスを取ろうとすると必ずふらつく。中空から誰かの手が出てきて、私の髪の毛をつかんで上に引き上げるというイメージをすると、だいぶ安定がよくなる。でも、まだふらつく。いろいろ試行錯誤して、今私がたどりついたのは、私の身体を上に引き上げようとする力と、私の身体を下に引きずり下ろそうとする力が、私の中で「葛藤」しているというイメージです。二人の友だちに「遊ぼうよ」と両方から手を引っ張られて、身動きならなくなっている子どものような状態です。そう考えたら、急に楽になりました。もちろん、これは過渡的な仮説ですから、また違うことを思いつくだろうと思いますけれど、今はこの「相反する二力が私の中で拮抗《きっこう》している状態」というのが、私にとっては「安定」を実現するときにいちばん効果的なイメージとなっています。

岡田山の風水

この対立する二力が拮抗しているせいで、静止しているような状態の中に強い力動性がみなぎっているという特徴が、宗教性についても言えるのではないかと思います。

神社仏閣というのは、総じて非常に「地の気」の強いところに建立されるのがつねです。「憑代《よりしろ》」というのは、神霊がそこに招き寄せられて乗り移る巨岩、巨木あるいは滝などのことですが、古代人の信仰対象はだいたいそういうものです。そこの「けたはずれ」さゆえに、「人間のそれとは別の尺度でものが生成死滅する世界」の切迫を感じたからでしょう。

中沢新一さんは『アースダイバー』で、東京の主だった神社仏閣は縄文時代の海岸線上に建てられているという仮説を立てています。それも海に飛び出した「岬」の部分に。おそらく、そういう場所に外界・異界との回路が開くと信じられていたからでしょう。

現に、うちの大学のある岡田山という「山」は縄文時代の「岬」に当たる土地です。その岬の先端に岡田神社という古い神社が建っています。岡田神社は延喜式《えんぎしき》内社ですから、ざっと千百年前からここに建っていたことになる。よくよそから来た人から、「どうしてミッションスクールの中に神社があるんですか?」と訊かれますけれど、これは失礼な言い方であって、先方は千百年前からここにあり、私どもはたかだか七十五年の新参者である。神社がある土地を取り囲むようにして、ミッション・スクールを建てたのです。

少し「風水」に寄り道しますけれど、この岡田山は「ミニ京都」のようなかたちになっています。平安京も平城京も、もとは洛陽や長安を模して都市計画されたものですから、当然「四神」に配慮している。青龍、朱雀、白虎、玄武の四神がそれぞれ東西南北を抑える。風水でもっとも好まれるのは、三方を山で囲まれ、南が開けている地形です。北に山、南に池または海があり、北西から南東へ川が流れているのがベストとされている。岡田山キャンパスを見ると、この条件がすべて満たされているのがわかります。北に六甲、南に武庫の海。細い水の流れが北西から南東へたぶんわざと作ってある。そればかりではない。北東の鬼門に門戸厄神、南西の裏鬼門には広田神社があって、「呪鎮《じゅちん》」も効いている。岡田神社はその風水でいう「玉堂《ぎょくどう》」というベストポジションに建てられている。京都だと御所のあるポイントです。

この土地は神戸山本通りのキャンパスが手狭《てぜま》になったために、同窓会によって寄贈されたものですけれども、私が知る限り、「風水」的に岡田山ほど恵まれた土地に建っている大学は日本にはありません。おそらく、当時、キャンパス用地を探した同窓生の中に、霊的感受性のたいへん高い人が含まれていたのでしょう。

私は土地というのは単なる物理的実在ではなく、ある種の生命を持っていると思っています。動物と植物では運動する速度が違うだけで、生命体であるという点では変わらない。土地は植物よりさらに緩慢にしか運動しないけれど、それでも削られ、堆積し、隆起し、陥没し、地質学的時間の中では変化を続けている。地下にはマグマがわだかまっており、土地には磁性がある。比喩的にはある種の生命とみなすことができるでしょう。その大地の生命力が強く発現するところと、弱いところがある。その地の気が強く発動するところを選んで、ある種の建築物が建てられる。

うちのゼミの浅井くんが卒論で大阪の縄文時代の海岸線上に現在、何があるかを歩いて調べてくれたのですが、そこには神社仏閣と病院と墓地と大学とラブホテルが、みごとに図ったように並んでいた。これは偶然ではないでしょう。

宗教施設と医療施設と墓地と大学とラブホテルは人類学的機能としては同一カテゴリーに

収められるということです。神社仏閣病院墓地はわかるとして、どうして大学とラブホテルが……これは「岬」に託された「異界への回路」という補助線を引くとわかります。大学は知性が「外」へ越境するために作られた場所であり、ラブホテルも本来は新しい生命を生み出すためのものである性行為だけに特化された空間ですから。

動的均衡

異界との回路の開いている場所というのは、「こちらの世界」でもないし、「あちらの世界」でもない。両方に同時に属しているともいえるし、どちらにも属していない非武装中立地帯（Noman's land）であるとも言える。そこには両方の世界のものが流れ込んで、混ざり合っている。そこにいると両方の世界に惹きつけられる。現世と異界の「汽水域」みたいなところです。

神社仏閣を「清浄な場所」というふうに捉えている人がいますけれど、私はそれは少し解釈が違うような気がします。まったく清浄無垢な場所には生命のための余地がないからです。生命がない、波動もない、葛藤もない。ただしーんと静寂だけが支配している。そういうと、宇宙空間の果ての、『２００１年宇宙の旅』の最後で、ボーマン船長がたどりついた半透明のホテルの部屋のようなところを想像してしまうのですが、あれが宗教的な理想空間だと私には思われません。そうではなくて、二力のせめぎ合いの中で人間が一瞬もとどまることなく揺れ動き、引き裂かれている状態、それが人間の「本態」ではないか、私はそう思うのです。

　私は旅行があまり好きではないのですが、それは旅先ではよく眠れないからです。東京のホテルをいろいろ試してみたけれど、どれもダメで、結局この十年くらいは学士会館を定宿にしています。ここだとよく眠れる。平川門の東ですから、風水的には「朱雀門外」に当たる。皇居のすぐ近くですから、呪鎮はもちろん効いている。でも、おもしろいのは平将門の「首塚」がすぐ横にあることです。

　将門は朝廷に矢を向け、みずから「新皇」と称した日本史上もっとも有名な「朝敵」です。その将門の首塚が皇居の真横にある。首塚と称するものは各地にあって、大手町の首塚の他に、神田神社にも相殿神として祀られている。どうして、朝敵の、それも「不死身」であるとか、京都で晒《さら》されていた首が空を飛んで関東に戻ったとか、さまざまな物語的装飾で彩られた「悪神」を人々は好んで祀るのか。

　たぶん、「バランスがいい」からですね。その方が。霊的清浄というのは、「汚れたものが何もない」ということではなく、「聖なるものと汚れたもの、正しいものと邪悪なもの、相反するいくつもの力が同時に作用しているせいで生じる動的均衡」ということではないか。私はそんなふうに思っているのです。

『韓非子』に「矛盾」という逸話があります。楚の国に矛《ほこ》と盾《たて》を売る商人がいて、自分の矛はあらゆる盾を貫き、自分の盾はあらゆる矛をはねかえすと誇った。「では、おまえの矛でおまえの盾を突いたらどうなるのか」と問われて絶句した、というお話です。

でも、この絶句はいったいどういう絶句だったのでしょう。子どもの頃、この話を読んだときには、商人は自分の愚かさを恥じて絶句したのだとばかり思っていました。でも、あるときからそれは違うのではないかと思うようになりました。この商人は絶句したのではなく、こ小賢《こざか》しい問いかけに対して「にやり」と笑って、「どうなると思う?」と反問したのではないか、と。

もし商人の惹句《じゃっく》がほんとうなら、そこには「矛は盾を突き通せず、盾は矛をはねかえせない」動的均衡が生成したはずです。「それが実は人間の本態ではないのか?」と商人は言おうとして、あえて黙っていたのではないでしょうか。

葬礼の本義

「葛藤と対立の中にあることを常態とするような人間のありかた」を私は「霊的」(spiritual)というふうに呼びたいと思っています。「霊的」という語の私の使い方は、たぶん一般の宗教家や宗教学者が使っているのとはずいぶん違っていると思います。でも、この「中間にあること」「どちらの世界にも確定的には帰属していないこと」を人間の霊性の根源的規定とするというアイディアは、思いつき的なものではありません。かなり長期にわたる集中的な思索が導いた結論です。どうして私が「霊性」という語をそのように定義するに至ったか、まずその話から始めたいと思います。

人間が霊性という概念を獲得したのは、葬礼を始めたときであろうと私は考えています。葬礼は、「礼」のところで少し触れましたように、人類が「死者」という概念を持ったときから始まります。それまで、霊長類は「死者」という概念をもっていませんでした。「死んだ同類」はセミの抜け殻や枯れ葉と同じような平凡な自然物であり、そのままに遺棄《いき》されました。チンパンジーの母親は死んだ子どもの死骸をいつまでも抱きしめています。生きている子どものように取り扱うのです。そのうち死骸が腐乱してぼろぼろに解体すると、そのまま棄ててしまいます。「生物」から「モノ」へジャンプする。生きているのでもないし、無生物になったわけでもない中間地帯というものを人間以外の霊長類はおそらく知りません。でも、あるとき、死んだ同類はダイレクトに自然物に還るのではなく、その中間プロセスを経過するということを思いついた霊長類の一部がいた。それが人間の祖先です。彼らは「生きている者」と「自然物」の中間に「死者」という第三の概念を挿入したのです。

「生者」は死後ただちに「自然物」に還るわけではない。その途中で「死者」という段階を経由する。「もう死んでいるのだが、まだ十分には死に切っていないもの」という状態にあるもののことを「死者」と呼びます。私たちの遠い祖先は「死者」を「自然物」に還すためには、ある種の儀礼が必要であると考えた。この儀礼を正しく執り行えば、死者は去る。儀礼が誤っていると、死者はとどまり生者に災いをなす。この「死者をして去らしめるための正しい儀礼」のことを孔子は「礼」と言った。そして、「礼」を君子が学ぶべき学術の筆頭に置いたというのは先述の通りです。

私はこれを「宗教教育」の基本原理だと思っています。

孔子の教えは久しく日本の教育制度の根幹にあるはずですから、当然、現代においても、教育プログラムは「礼」すなわち葬送儀礼の意義と作法の習得を教育課題の第一に掲げるべきなのです。

などということを急に言っても、みなさんには何のことやらわからないでしょうから、どうしてそういうことになるのか、もう少し詳しくご説明しましょう。

人間が人間になったのは、生者と自然物の中間に「死者」という第三のカテゴリーを創出したことによります。これは人類学的な定説なので、とりあえずこれには同意していただきたいと思います。

死者は正しい葬礼を行わないと私たちの世界を去ってくれません。別に私は「幽霊が化けて出る」と言っているのではありません。「正しい葬礼をしないと死者は災厄《さいやく》をもたらす」という信憑を持たない社会集団は世界中のどこにも存在しないという客観的事実を述べているに過ぎません。

例えば、靖国神社への総理大臣の公式参拝を隣国の政府はきびしく批判します。それが彼らの国々の国民感情を傷つけるふるまいだからです。どうして、国民感情が傷つくかと言えば、日本の総理大臣が自国の戦死者の勲功《くんこう》を多とすることは、「被侵略国の死者に対する冒《ぼう》瀆《とく》」に当たるからですね。日本人がこのようなふるまいをすることを「自国の死者たちが許さない」と感じるからこそ、中国や韓国の政府は抗議声明を発している。「死者の鎮魂」の儀礼を正しく執行しないと「災厄が起こる」という信憑の上に、それぞれの国の政府は外交政策を展開している。古代や中世の話ではありません。二十一世紀の近代国民国家も「死者の鎮魂」を配慮することなしには政策決定ができない。

すべての社会集団は「正しい葬礼」の必要性を信じている。これが私たちがそこから出発すべき前提です。

死者はもう存在しない。けれども、私たちの側からの働きかけ（葬礼というかたちでのメッセージの送信）に対しては反応する。正しい礼を行えば、死者は去る。誤った礼を行えば、死者はとどまり、崇《たた》る。私たちはそのような仕方を通じて、死者ともコミュニケーションすることができる。これが葬礼の意味です。

では、「正しい葬礼」とはどんなものでしょうか。それは「あたかも死者が死んでいないかのようにふるまうこと」です。孔子は、子はその親の死後三年喪《も》に服すことを命じました。具体的には世俗事にかまけ、歌舞音曲《おんぎょく》に興じることを控えなさいということですが、これは「重病人が家の中にいる」ときの作法とほとんど同じです。周りの人間は病人の送るかすかなシグナルに反応して、その生理的不快を取り除き、そのメッセージを聴き取ることを優先的な仕事としています。そういうときにはあまりビジネスや恋愛に精を出したり、飲めや歌えの宴会をしたりはしないものです。そんなことをしていると「かすかなシグナルを聞き落とすかもしれない」からです。

　葬礼というのは、一言に尽くせば、「他者からのかすかなシグナルを聞き落とさないための気配り」のことです。それを病人ではなく、死者に対しても行う。あたかも死者がかすかな、かぼそいシグナルしか発信できない他者であるかのように、耳をそばだて、感覚を鋭敏に保ち、注意深く死者に向き合うこと。

　それは死者に向かって「あなたは私にどうしてほしいのですか?」と訊くことです。むろん、答えは返ってきません。でも、それまでの死者とのかかわりの記憶を細部にわたって甦らせれば、死者が「私」にどうふるまってほしいのか、どういう決断を下してほしいのか、どう生きてほしいのか、それを推察することは可能です。決断すべきとき、選択すべきときに、「死者は私にどうしてほしいだろう?」という問いを自らに向ける習慣を内面化した人にとって、死者は生きているときと同じように、あるいは生きているとき以上に、生きる上での指針となっている。そして、死者がそのようにして生者のうちに「生を導くもの」として登録され終えたときに、同時に葬礼も終了します。死者が生者の中に規矩《きく》として内面化したときに死者は去る。これが葬礼の意味です。私はそう理解しています。

　そう考えると、「誤った葬礼」がどういうものであるかもわかるはずです。それは「はじめから死者を厄介払いすること」を目的とする葬礼です。死者がもうそこにいないようにふるまうこと。つまり、死者に向かって問いかけ、その戻ってこない答えをずっと待ち続けるという忍耐を放棄することです。その最悪のかたちは「私は死者が私にどうふるまってほしいかを知っている」という宣言として出現します。一見すると、これはきちんと葬礼の基準を満たしているように思えます。けれども、「私はどういう儀礼をすれば死者が喜ぶかを知っている」という宣言ほど死者に対して非礼なふるまいはありません。この人は死者に向かって、「お前の言いたいことはわかった」と言っているのです。「お前の言いたいことはわかった」というのは、日常生活で私たちが熟知している通り、コミュニケーションを打ち切るときの言葉です。「だから、黙れ」「だから、消えろ」というのが「よくわかった」という宣言の遂行的な意味です。服喪とは死者に向かって「あなたは私にどうしてほしいのですか?」と終わりなく問い続ける構えのことです。「死者がどうしてほしいかを私は知っている」という人間はこの死者への問いをすでに放棄しています。

これは靖国神社問題のときに述べたことですけれど、私がつよい違和感を覚えるのは、参拝に賛成する人も反対する人も、「死者たちがどう弔《とむら》ってほしがっているのか、私は知っている」という立場から発言していることです。あるものは「死者たちは天皇の公式参拝を求めている」と言い、あるものは「死者たちは戦犯の分祀《ぶんし》を求めている」と言い、あるものは「死者たちは無宗教施設での鎮魂を求めている」と言う。みんな「死者たちがどうしてほしがっているか」を私は知っているという前提から発言している。私は死者に対するこの傲慢さほど「礼」の本義に悖《もと》る行為はないと思います。

死者とのコミュニケーション

葬礼の本義は「死者は生者に何をしてほしがっているのか」を問い続けることにあります。このような問いに、一般解があるはずがありません。ですから、この問いに対する答えは「わからない」です。

でも、それだけでは済まされない。やはりどうしてよいかを知りたい。答えを教えてくれる相手は死者しかいない。だから、死者からの返ってくるはずのない答えを求め続ける。この「答えの戻ってこない対話相手に問いかけ、その答えを待ち続ける」というふるまいが、とりあえず人間の世界では「礼」というかたちで規範化されている。

霊的教育というものがあるとすれば、それは「礼」という規範をまずかたちとして、身体技法として教えることになるだろうと思います。それは子どもたちに宗教史を教えることでもないし、聖句や経文を暗誦《あんしょう》させることでもないし、ローカルな宗教儀礼を強いることでもない。ただ感覚を研ぎ澄まし、かすかなシグナルに耳を傾け、存在しないものとさえ人間はコミュニケーションすることができるという原事実を実感すること、それが霊的教育の出発点であり、かつ到達点であると私は思います。

人間は存在しないものとさえコミュニケーションすることができる。ならば、現にここに生身の身体をもって存在し、声を聞き、触れることができる人であるならば、どれほど異他的であろうと、どれほど未知であろうと、コミュニケーションできないはずがない。私は葬礼から出発して、そのように合理的推論を進めます。

孔子が「礼」すなわち死者とのコミュニケーションを六芸の筆頭に掲げたのは、それを母型として、私たちがすべてのコミュニケーションを構築するからだと私は考えています。

学校における「霊的教育」も、以上のような原則的理解に立てば、どういうものであるべきか、ある程度の道筋は見えてくるのではないでしょうか。

宗教という危険なもの

公教育は「政教分離」を原則としていますけれど、現実の社会はさまざまな形態の宗教現象に溢れかえっています。カルト教団、オカルティズム、超能力、ニューエイジ、スピリチュアリティ、精神世界……メディアには宗教的なものが氾濫しています。公教育が宗教的なものとのかかわりを拒否した場合、子どもたちは何の霊的準備もない状態でこのような宗教的な言説にさらされることになります。

もちろん、家庭教育の中で霊的成熟を十分に果たした子どもについては心配するには及ばないのでしょうけれど、現在の核家族の都市生活者の家庭に、子どもを霊的成熟に導くような教育が期待できるでしょうか。私はきわめて懐疑的です。結果的に、霊的なもの、宗教的なものについて、ほとんど知識もなく、当然に、もしその危険を知らない子どもたちが、宗教現象の洪水の中に無防備なままで投じられる。

すべての宗教は教団宗教であれ、スタンドアロンの霊術家のものであれ、どこかしら「危険な匂い」を放っています。霊的成熟というのは、その危険な匂いを直感的に感知し、「怪力乱神」と適切な距離を保つことのできる能力のことでもあります。そして、「危険なもの」を感知する力を育てるためには危険なものから隔離した、霊的無菌状態に置いてはいけない。そんなところで育てられた子どもは最初に出会った宗教的なものの前で判断不能に陥ってしまう可能性がありますから。

「宗教的な『奇跡』と言われる類のものはすべて幻想であり、科学的実証に堪えない」というようなことばかりを言われて育てられた子どもは、その「常識」を超えた現象に出会ったときに、「私は何も見ていない」と目を閉じて、眼前の出来事そのものを全否定してしまうか、「私がこれまで教えられてきたことはすべて虚偽だった」とこれまでの教育をまるごと放棄してしまうか、いずれにしても極端な行動を取ります。

このような硬直的で極端な行動は人間を幸福にはしません。それよりは、「そういうことって、あるよね」という落ち着いた態度で応接したいものです。「で、それが私にどういう関係があるんですか？」「あなたはその奇跡を通じて、この世の中にどのような『よきこと』をもたらすご予定なんですか？」というふうに、しっかり自分の軸を保ったまま宗教とのかかわりをていねいに作り上げていってほしいと思います。

その意味では、メディアに登場してくる霊術家たちの存在も教育的には有効なものととらえることができるかもしれません。ああいう人たちの言動をじっと見つめて、どこまで「ほんもの」で、どこから「フェイク」が始まるのか、どこまでが「素」で、どこから「演出」になるのか、そういうところをしっかり見つめて、それで批評的なものの見方が身につくなら、それはそれで決して悪いことではないでしょう。

私たちの社会は大きな流れとしては、「宗教的な社会」へ向かっていると私は思います。

これから育つ子どもたちはさまざまなかたちの宗教、あるいは疑似宗教、あるいは「宗教に見えないように偽装をした宗教」にさらされることになるでしょう。その中で、子どもたちが適切な霊的成熟を遂げるためには、「無菌室で育てる」わけにはゆきません。

いちばんいいのは「ほんものの宗教家」に人生の早い時期に出会うことです。一度「ほんもの」を見た子どもは、美術品の鑑定と同じで、「にせもの」を直感的に検出することができるようになります。どこがどうだからという理由は言えなくても、「これは『ほんもの』じゃない」ということはわかるようになる。

でも、なかなか「ほんものの宗教家」に出会うチャンスはありません。次善の策としては、ジャンクも含めてさまざまな宗教経験を積ませることです。その中で、「身銭《みぜに》を切って」（場合によっては「煮え湯を飲まされて」）、自分を霊的に成熟させてゆく。それがおそらくおおかたの人にとっての標準的な霊的成熟の歴程であろうかと思います。

それは子どもに「正しいセックス」を教えることが困難であるのと似ていると思うのです。「こういうのが正しいセックスだよ」ということを、例えば六歳ぐらいの子どもに教えるのは不可能です。性的成熟というのは子どものころに「正しいセックス」を学ぶことによって果たされるものではないからです。もちろん、そういう情報を一切遮断された「無菌室」に閉じ込めておいて果たせるはずもない。結局、私たちが選択できるのは、外から流れ込んでくる性にかかわる無数のジャンクな情報や、自分の中にある人に言えないような倒錯《とうさく》的な欲望に少しずつ「慣れてゆく」ということだけです。そして、自分自身がいったいどういう性的嗜癖《しへき》や性的偏向を抱え込んでいるのかを発見し、それを意識化、言語化する。洋服になじんでゆくように、自分自身のセクシュアリティに「なじんでゆく」。そういうことに尽くされるのではないかと思います。

霊的メンターとの出会い

それでも、宗教的成熟には、他の場合より以上にメンターによる導きが重要であることに変わりはありません。もちろん、例外的に霊的に資質豊かな人はメンター抜きでも霊的覚知に至りうるでしょう。でも、私たちのような一般人にはそれは無理です。私たちが霊的に成熟するためにはどうしてもメンターが必要です。そして、メンターは他の場合同様、私たち自身が自分で探すしかない。誰かが「この人についていけば大丈夫」というような身元保証をしてくれるわけではない。でも、霊的な成熟を真剣に求めている人であれば、自分を導いてくれる人にいつかは必ず出会うはずです。生きる上での先達をほんとうに求めていれば必ず出会えると思います。ただ、その人は「私はあなたの霊的なメンターです」と名乗って現れるわけではありません。

私自身の場合は、自分が求めていたのは霊的メンターだったのだということを、メンターに出会った後になって気がつきました。

私自身はとにかく武道をやりたかった。武道的な「真の強さ」というのは、腕力が強いとか、動態視力がいいとか、反射神経が鋭いとか、そういうフィジカルな水準にはないということは漠然とわかっていました。では、そういうものではない「真の強さ」とはいったい何なのか。それがわからなかった。それを探し求めて二十年近く試行錯誤して、最後に多田宏先生に出会いました。

同じ頃、エマニュエル・レヴィナスという哲学者にも「出会い頭」にいきなりがつんと一撃されました。たまたま他の研究の参考文献として、レヴィナスの本を読んだのです。でも、何を言っているのか、まったくわからない。まったくわからないにもかかわらず、それがわからないのは私の哲学的知識が足りないとか、論理的思考力が乏しいとかいうことではなく、私には「決定的に未成熟なところ」があるからだということだけはわかった。その未成熟は本を読んで知識が増えればどうにかなるというものではなく、実生活において、「ほんとうの成人」になることなしには克服できない、ということがわかった。

結果的には、このお二人が私の霊的な「メンター」になったわけです。その「導き」の仕方はとてもよく似ていたように思います。

メンターは弟子に「私は何かが欠けている」ということを理解させてくれます。けれども、それは「おまえにはこれこれの知識が足りない」とか「これこれの技術が足りない」というような定量的な欠如ではありません。弟子に欠けているのは「自分に何が欠けているのかを言い表す言語そのもの」だからです。私は自分が未熟であることはわかった。けれども、どういうふうに未熟であって、どうすれば未熟でなくなるのか、その道筋がわからない。それが本態的に「未熟である」ということです。

でも、メンターの前では、自分が未熟であると認めることが少しも不安ではない。メンターとはまさに「その人の前では自分が未熟であると認めることが少しも不安ではない」人のことだからです。その人の前にいるとき、自分が未熟であるということは少しも恥ずかしいことではない人、その人の背中を見ながらあとをついて行くとき、自分が一歩一歩成熟への歴程を歩んでいることが実感される人。それがメンターです。メンターに対面しているとき、弟子はおのれの未熟を認めることに少しの不安も不快も感じない。自分がどういうふうに未熟であるのか、自分は何を知らないのか、何ができないのか、何を言語化できないのか、それを主題的に考究してゆくことそれ自体が胸が高鳴るような経験であるように、メンターと弟子の師弟関係は構造化されています。

後続する世代のメンターとなる条件は、すべての師弟関係の場合と同じく、「そのメンターもまた、メンターに導かれてそのような人になった」ということです。私にとってのメンターもまた、そこではおのれの未熟さを痛感させられるような師を持っていた。そして、その「未熟の覚知」を手がかりに、師の背中を追って歩み続け、師を喪《うしな》った後も歩み続けている。それがメンターであるためのおそらく唯一の本質的な条件です。そして、「師の師」もまた、その「師の師の師」の前では未熟さを痛感し、それを手がかりに成熟への歩みを始めた……そういう同一の関係が永遠に反復する「入れ子状態」になっている。

この師弟関係の構造によって継承されているものとは、いったい何でしょうか？

それは「師の成熟」から「弟子の未熟」を引き算したときの「差」として得られる、埋めることのできない「空隙《くうげき》」です。

「私は未熟ゆえに師の教えを完全なかたちでは伝えることができなかった」という「理解の届かなさ」をそれぞれの時代のメンターたちはその弟子に伝えます。そして、その弟子たちもまた後続する世代に「私は未熟ゆえに……」という同じ言葉を伝えます。

そんな調子で三代もでき損ないの弟子が続いたのでは、どのような知的伝統も技芸の伝統もたちまち絶えてしまう、とご心配になるかもしれませんけれど、そんなことはありません。

実際にはこの「未熟の覚知」だけが、後続世代にはるか遠い時代の伝説的叡智や神話的技芸を伝承するための唯一の方途《ほうと》だからです。

白川静先生は孔子についてこう語っています。

孔子は、そのすべてを伝統の創始者としての周公に帰した。そして孔子自身は、みずからを「述べて作らざる」ものと規定する。孔子は、そのような伝統の価値体系である「文」の、祖述者たることに甘んじようとする。しかし実は、このように無主体的な主体の自覚のうちにこそ、創造の秘密があったのである。伝統は運動をもつものでなければならない。運動は、原点への回帰を通じて、その歴史的可能性を確かめる。その回帰と創造の限りない運動の上に、伝統は生きてゆくのである。

（『孔子伝』、中公文庫、一九九一年、一一五―一一六頁）

「私は教えの起源ではなく、その不正確な祖述者にすぎない」という「無主体的な主体の自覚」ゆえに孔子は万人の師として機能したのです。霊的成熟の歴程もまたそれと同じ構造を持ちます。「私はついに霊的成熟を果たし得なかったが、私の師はまさしくそれを果たした人であった」という「未熟の覚知」を、世代を超えて伝えることによって、私たちは「霊的成熟」という目標にはっきりと照準しながらも、「私は大悟解脱した」とか「私は宇宙の真理を知った」とか「私は神の声を聴いた」とかいう「もうそこからはどこにも行くことができない着地点」の罠にはまることを回避できるのです。

宗教教育は可能か？

二〇〇六年に改定された教育基本法の中には宗教教育に関する次のような規定があります。

一五条　宗教に関する寛容の態度、宗教に関する一般的な教養及び宗教の社会生活における地位は、教育上尊重されなければならない。

特に問題のないような文言ですが、廃止された旧教育基本法の宗教教育に関する規定はこうなっています。

宗教に関する寛容の態度及び宗教の社会生活における地位は、教育上これを尊重しなければならない。

比べてみればわかりますね。「宗教に関する一般的な教養」という言葉が入っている。これはいったい何のことなのか。

「宗教に関する寛容の態度」というのはわかります。要するに、子どもたちひとりひとりの個人的な宗教的信念やそれに基づく言動について、学校は人権的に配慮しなければならないということです。子どもが特異な教義をもつマイナーな宗派に属している場合でも、子どもが特異な宗教的な態度に固執した場合でも、学校はそれには「寛容」を以て応じるべきである。私はこの考え方は正しいと思います。

「宗教の社会生活における地位」というのもわかる。政教分離ですから公教育では特定の宗教のための活動をしてはならない。これは当然のことですね。けれども、どこまでが宗教で、どこからが非宗教的であるかの区分は実際にはむずかしい。クリスマスというのはキリスト教の宗教行事ですから、ふつうの公立の学校で例えば「クリスマス会」というのをやるのは法律違反である。公立学校で「灌仏会《かんぶつえ》」や「過越《すぎこし》の祭り」をやらないのと同じです。しかし、例えば「鏡開き」の日に給食にお汁粉が出たときはどうするのか。鏡開きは年神に供えた鏡餅を食べるのだから、厳密に言えばこれは神道の宗教行事です。あるいは、七夕の日に、笹の木に願い事を書いて飾るということを公立学校でしてよろしいのか。七夕は祖霊を祀る行事と仏教の盂蘭盆会《うらぼんえ》が習合したものであるから、厳密に言えばやはり宗教行事です。

そういうふうにいちいち杓子定規《しやくしじょうぎ》に吟味してゆくと、私たちの営んでいる社会生活の節目の行事というのはそのほとんどが、おそらく九〇パーセントくらいが宗教的な起源を有している。それらをすべて「宗教的活動」として排除していったのでは、なんだか息苦しいし、気分がささくれだってきます。だから、社会生活に入り込んでいて、あまり特定の宗派のものというふうに思われていないものはいいんじゃないの、というふうに現場では現に弾力的に運用していると思います。「宗教の社会生活における地位」を「尊重」するというのは、おそらくそういうことだろうと私は解します。

いずれにしても、常識的な文言です。けれども、ここに法改正によって「宗教に関する一般的な教養」という一項が入ってきた。これは何のことなんでしょう? 宗教学や宗教史の基礎のようなことを想定しているのでしょうか。そういうものをカリキュラムの中に取り込む必要性がある、と。

それだけを読むとごく常識的なことのように思われます。けれども、他の条項と読み比べると、この一項が際だってきます。

例えば、「政治教育」については、「良識ある公民として必要な政治的教養は、教育上尊重されなければならない」と第一四条にあります。これは旧法の文言のままです。けれども、それ以外の教科については、新法は言及していない。「日本語教育」とか「外国語教育」とか「自然科学教育」とか「コミュニケーション教育」とか「身体性の教育」についての「一般的な教養」を求める文言は教育基本法には何も含まれていない。つまり、二〇〇六年の教育基本法では「宗教についての一般的教養」だけが場違いに突出しているという印象を受けます。これはどういうことなのでしょう。

法律改正に際しては、ご記憶でしょうが、おもに「愛国心の涵養」を謳った第二条「教育の目的」が論点になりました。「伝統と文化を尊重し、それらをはぐくんできた我が国と郷土を愛するとともに、他国を尊重し、国際社会の平和と発展に寄与する態度を養うこと」というのがそれです。

法改正が進められた政治的文脈から考えて、「宗教に関する一般的な教養」という言葉がキリスト教やイスラム教やユダヤ教についての「一般的な教養」を含意しているとは思われません。おそらく、日本の伝統的な宗教、それも仏教ではなく神道についての知識や神社への信仰心を涵養したいというのが法改正の基本的なねらいでしょう。神道を日本人の宗教生活の基本にする、あるいはすべての宗派の上位に「別格」のものとして置くというのは、明治維新以来の日本の政治権力の変わることのない目標ですから(「日本は神の国だ」と揚言した総理大臣もいましたね)。

神道というのはご存じのとおり、日本政治史においては、さまざまな宗教の中のひとつではありません。明治初年に、「神仏分離・廃仏毀釈《はいぶつきしゃく》」というきわめて暴力的なかたちで国民を統一的に再編するために導入された政治装置であったという過去を有しており、それ以後も、一部の政治家や知識人からは「国民統合のためのイデオロギー装置」としての機能を期待されている。

別に私はこれを日本の政治的後進性の徴《しるし》であるというふうには思いません。あらゆる政治体制は固有単一の宗教生活のうちに被支配者を統一的に編制することを切望するものだからです。

国民国家における「聖なるもの」

近代的な「国民国家」という政治的概念は政治史的には一六四八年のウェストファリア条約による神聖ローマ帝国の瓦解《がかい》から始まります。このとき国境線を画定する基準となったのは宗教です。さまざまな宗教が混淆《こんこう》していた神聖ローマ帝国を、カトリック信者たちだけの国とプロテスタント信者たちだけの国に細かく分割したのです。ですから、国民国家は、その本性として（現実的に可能であるかどうかは別として）、単一宗教による国民の政治的再編をめざすものなのです。

新教育基本法制定の政治目的が、グローバル化する国際社会の中で、日本の国民国家としての統合を高めることである以上、それが「神道による国民の宗教的再編」を志向するのは、政治史的には当然であると私は思います。

ただ、日本の場合は、明治の廃仏毀釈も戦前の国家神道も、いずれも国民の宗教生活の統制に最終的には失敗したという前歴があります。果たして、そのことを当今の政治家たちはどれくらい「知識として」知っているのか。

王政復古は薩長両藩と岩倉具視《ともみ》ら一部公家に主導されたクーデターでしたから、当然、その先行きについて諸藩は当初懐疑的だったし、向背《こうはい》を決しかねていた。その時期の維新政権には「神権的天皇制」のオーラ以外に恃《たの》むものがなかった。祭政一致イデオロギーはこの危機に際して、すぐれて政治的動機に基づいて導入されたものです。廃仏毀釈について安丸良夫はこう書いています。

> 廃仏毀釈といえば、廃滅の対象は仏のように聞こえるが、しかし、現実に廃滅の対象となったのは、国家によって権威づけられない神仏のすべてである。記紀神話や延喜式神名帳に記された神々に、歴代の天皇や南北朝の功臣などを加え、要するに、神和的にも歴史

的にも皇統と国家の功臣を神として祀り、村々の産土社をその底辺に配し、それ以外の多様な神仏とのあいだに国家の意思で絶対的な分割線をひいてしまうことが、そこで目ざされたことである。

（『神々の明治維新――神仏分離と廃仏毀釈』、岩波新書、一九七九年、七頁、強調は著者）

慶応四年に「神武創業ノ始ニ」基づく「祭政一致之御制度」の回復を告知する布告が出た後に、暴力的な廃仏運動が始まるのですけれど、この実情について私たちはほとんど中等教育の日本史では習いません。私は前に興福寺の多川俊映貫首にお寺の中をご案内いただいたときに、廃仏毀釈のときに、何があったのかをお聞きしたことがあります。興福寺はそれまで春日大社と習合したかたちで存在していて、興福寺の貫首が「別当」と呼ばれて神社も主宰していたわけですけれど、それが制度的に分離された。伽藍《がらん》仏具一切が処分され、五重塔は二五円で私人に払い下げられ、買い主は金具をとるためにこれを焼こうとした（！）。たまたま延焼を恐れた近隣住民の反対で思いとどまったそうです。僧侶はほとんどが還俗、あるいは神職として春日大社に配属され、あの広大な興福寺にわずか数人の僧侶だけがとどまり、仏像仏具教典を床下に隠して、破壊や略奪から守ったそうです。

それと同じころ、比叡山の日吉山王社でも廃仏毀釈事件がありました。

> 押しかけた一隊は実力行使にでて、神域内に乱入して土足で神殿にのぼり、錠をこじあけ、神体として安置されていた仏像や、仏具・経巻の類をとりだして散々に破壊し、積みあげて焼き捨てた。（……）一隊の指導者樹下茂国は、仏像の顔面を弓で射当て、大いに快哉を叫んだという。
>
> （同書、五三頁）

樹下というのは日吉社の社司で、岩倉に近い人物だそうです。この破壊行為の対象が興福寺のように寺院ではなく、彼らが奉職していた当の神社であったということに注意してください。彼らは神社に土足で上がり込んで、そこから「仏教的なもの」を選《え》り出して破壊したのです。このことからも、廃仏毀釈が宗教的な敬神のものというよりは、きわだって政治的な「分割線」を引くことをめざしていたことが窺えると思います。

神道をそれ以外の伝統宗教や多様な民間信仰と「絶対的な分割線」によって引き分け、それをもって国民の宗教的再編を達成するというのは王政復古のときに採用された政略です。それは本質的には変わらないまま、そのあと国家神道を経由して、今日の靖国神社国家護持運動へと繋がっています。

もし学校で教えるべき「宗教についての一般的教養」があるとすれば、廃仏毀釈と首相の靖国公式参拝は「同一の政治史的文脈のうちにある」という「知識」は外せないだろうと思います。でも、新教育基本法改定を推進した政治団体と、靖国神社は「非宗教施設」であると強弁する政治団体が同一のものである以上、新法のいう「宗教に関する一般的な教養」のコンテンツに近代日本宗教史が含まれないことはたしかでしょう。しかし、近代日本宗教史を含まない「宗教に関する一般的教養」とはいったい何なのでしょうか？

統治者が求める「宗教教育」の目的は、政治史を繙《ひもと》く限り、統治者に神霊的な威信を賦与すること、「内」と「外」の間に「絶対的な分割線」を引くことに尽くされます。

絶対的な政治的権威を立てることを望むものは必ず独裁者を神霊的威信で飾ろうとする。これは別にスターリンや毛沢東や金正日のようなコミカルなまでに極端な個人崇拝の事例を持ち出すまでもなく、日本史上においても「常識」に属することです。

織田信長は安土の総見寺《そうけんじ》の神体となり、自身の誕生日を「聖日」と定めました。豊臣秀吉は死後、豊国大明神として豊国神社の祭神となりました（のちに徳川家康によって大明神の神号を剥奪されます）。徳川家康は東照大権現という神号を持つ神ですから、江戸時代を通して旗本、御家人は家康を「神君」あるいは「権現様」と呼称したのです。もちろん、明治天皇以後三代の天皇は「現人神《あらひとがみ》」です。明治以降では、東郷平八郎元帥と乃木希典《まれすけ》が固有名を持つ祭神となっています。その他の「天皇・朝廷・政府の側の立場で命を捧げた」戦没者が靖国神社の祭神となっていることはご案内の通りです。

このリストをご覧になると、天正十年（一五八二年）から昭和二十年（一九四五年）までざっと三百七十年にわたって日本人は一貫して、当代の政体の創始者を神として崇敬することを強制されてきたことが知られます。

ですから、論理的に考えるならば、政権担当者が「国民的統合のための宗教教育」の必要性をいうときに彼らの念頭にあるのは、「神体となった当該政体の創始者」を崇敬させること以外のものとは思われません。「当該政体の創始者」は憲法論的にいえば「日本国民」ですが、そんなものをご神体にはできません。だとすると、残る可能性は一つしかありません。

霊的成熟のために

本学はキリスト教の学校で、私はたまたま教務部長職にあるので、入学式・卒業式では「マタイ伝」を読む係に当たっています。まさか自分がキリスト教の礼拝の場で『聖書』を拝読する立場になろうとは思ってもみませんでしたけれど、いいものですね。「あなた自身を愛するようにあなたの隣人を愛しなさい」という聖句は何回読んでも、「じーん」ときます。これはチャプレンの飯謙先生から、古代からユダヤ教で口伝されてきたラビの教えだと教えていただきました。

私はすべての宗教的な儀礼に対して、原則として好意的です。キリスト教であろうと仏教であろうとユダヤ教であろうとイスラム教であろうとヒンズー教であろうと、とにかく敬虔《けいけん》に祈りを捧げる人の構えというのはたいへんよろしいものだと思っています。

私は特定の宗派に帰属しているわけではありませんけれど、「他人が信じているもの」に対しては、原則として礼儀正しくふるまうことにしています。神社に行けば柏手《かしわで》を打ち、仏教寺院では線香を上げ、キリスト教の聖堂ではお灯明《とうみょう》を上げます。ずいぶん節操がないやつだと思われるかもしれませんが、その場所を「神域」としてたいせつにしている人たちの「思い」というのはやはりどんな場合でも尊重しないといけないと思うのです。そして、そういう真摯《しんし》な祈りの場であるところにいると、私自身「いい波動」を感じることが多い。

パリのノートルダム大聖堂は世界屈指の観光地ですし、拝観料なんか取りませんから、ものすごい数の観光客でいつもごった返しています。でも、半ズボンにゴム草履に野球帽というスタイルの観光客たちがあたりをうろうろして無遠慮にばしばしストロボをたいて写真を撮っていても、ノートルダムの中にいると、「いい波動」が感知される。気分がすうっと落ち着きます。以前、南仏のコンクというところに行ったことがあります。山一つがカトリックの聖地なのですが、ここも波動が凄かった。肌が震えるほどでした。空の色も木々の緑の色も、透明感が「俗世間」とはレベルが違う。バリ島も島全体が「神々の島」ですからね。どこにいても快い波動を感じます。

そういう聖地を巡歴していると、ああ世界中どこでも人々は「憑代《よりしろ》」の出す波動にちゃんと感応して、そこに祈りの場所を作っているんだということがわかります。教義や戒律は知らなくても、そういう「バイブレーション」に反応して、息をひそめて、声にならない声、シグナル以前のシグナルに全身で耳を傾けている人々のたたずまいの「可憐《かれん》」さを私は深く愛するのであります。

ですから私は別にミッション・スクールや仏教系の大学のように宗教儀礼が制度的に織り込まれていなくても、ひとりひとりの霊的成熟を支援することを教育目標に掲げている限り、どのような場所でも「宗教教育」は可能だろうと考えています。

そのときに私が思い描いているのは、静かに「波動」をとらえようと心身の感度を上げている「祈る人」の姿です。

「祈る人」とは、その全力をあげて、聴き取れないほどに微かな「存在しないもの」からのシグナルを受信しようとしている人、「存在しないもの」にメッセージを送信しようとしている人、「ここではない外の世界」との交信回路を繋ごうとしている人のことです。私はそのような人こそ「真に霊的な人」であると思います。

私が政治的な「宗教教育」を厭《いと》うのは、それがこの「外へ」という根源的な趨向性《すうこうせい》を傷つけるものだからです。さきほど述べたように、国民国家における「祭神」とは「こちら」と「あちら」のあいだに「絶対的な分割線」を引く機能を果たしています。「こちら」は「こちらだけの宗教」で固められ、「あちら」は、「あちらだけの宗教」で固められている。両者は霊的に断絶しており、それゆえ両者の間にはいかなる霊的な架橋もありえないというのが国民国家が奉じる宗教観です。ここには、断絶と排除の力学だけが働いていて、境界線を越えて身を乗り出すという「超越」への契機が致命的に欠けている。

行政上の国境線と霊的な境界線が一致すると信じている人々、あるいは一致すべきだと信じている人々、私はそのような人のことを「霊的な人」とは呼びたくありません。彼らがどれほど宗派の教義に忠実であっても、戒律を遵守していても、あるいは宗教的指導者の命があれば死ぬことを辞さぬほどに敬虔であったとしても、私はその人を「ファナティックな宗教的原理主義者」だとは思いますが、霊的な人間だとは思いません。「霊的である」というのは、私自身の定義では「外」と交通したいという志向に満たされているということに尽くされるからです。全知全能をあげて、自分の理解も共感も絶する境位へ向けて越境しようとする志向だけが人を霊的なものたらしめる。私はそう信じています。

あとがき

最後までお読みいただきまして、ありがとうございます。かなり変てこな教育論だったと思いますけれど、「まあ、そういう考え方もあるよね」と思っていただければ、それで十分です。

この本の主要なコンテンツは授業で論じられたことですから、私の言葉が直接向けられていた対象は大学院生や聴講生たちですけれど、加筆している段階で念頭においていた読者は「学校の先生たち」でした。

本書のいちばん基礎的な素材は授業を録音したＭＤです。それをミシマ社の三島邦弘さんがテープ起こしをして、編集をした草稿のデータを私に送り、私がそれを加筆修正して原稿を作りました。

その最後の作業をしていたのは（前回の『街場の中国論』のときもそうでしたが）、大学の語学研修で訪れたフランスのブザンソンという小さな美しい街のホテルの一室でした。そのホテルの部屋に二週間閉じこもって、朝から晩まで、遠い日本の教育問題について書き続けました。

そのとき、私はとにかく「学校の先生たちが元気になるような本」を書こうと決めていました。どう考えても、教育にかかわる諸問題を解決する主体は、現に教室で子どもたちを前にしている教師たち以外におりません。「教師はダメだ。彼らに教育改革なんかできるはずない」と主張する人だって、本気で教育改革をしようとするなら、その「ダメな先生」たちを押しのけて、「そこをどけ、私が代わって教えるから、私のやり方を見てろ」と言う以外に説得力のある対案は出せません。ほらね。「教育にかかわる諸問題を解決する主体は、現に教室で子どもたちを前にしている教師たち」以外にないと言ったとおりでしょう。

ですからとにかく、現に教壇に立っている先生たちができるだけ元気でいられて、いろいろ創意工夫する意欲が湧いてきて、仕事があまりうまくいかないときもそんなに落ち込まないでいられるような、そんな気分になれる本を書こうと思いました。果たしてその目標が達成されたかどうか、それは、この本を読んでくださる先生たちに訊いてみないとわかりません。私の願いがいささかでも実現するといいんですけれど。

私とミシマ社の三島邦弘くんのコラボレーションである『街場シリーズ』もこれで四冊目になりました。これだけ書き続けてこられたのも、何を書いても、「先生、おもしろいです！」と温顔をほころばせてくれる三島くんの励ましのおかげです。どうもありがとう。それからミシマ社のみなさんのご努力にもお礼を申し上げます。めざせ、一〇万部。それから私をインスパイアしてくれた院生・聴講生たちを代表して、いつものように渡邊仁さんに私からの感謝を受け取っていただきたいと思います。みなさんどうもありがとう。

内田 樹

装幀　クラフト・エヴィング商會
［吉田篤弘・吉田浩美］

内田 樹（うちだ・たつる）
1950年東京生まれ。東京大学文学部仏文科卒業。東京都立大学大学院博士課程中退。神戸女学院大学文学部総合文化学科を2011年3月に退官、同大学名誉教授。専門はフランス現代思想、武道論、教育論、映画論など。著書に、『街場の現代思想』『街場のアメリカ論』（以上、文春文庫）、『私家版・ユダヤ文化論』（文春新書・第6回小林秀雄賞受賞）、『日本辺境論』（新潮新書・2010年新書大賞受賞）、『増補版 街場の中国論』『街場の文体論』『街場の戦争論』（以上、ミシマ社）など多数。第3回伊丹十三賞受賞。現在、神戸市で武道と哲学のための学塾「凱風館」を主宰している。

街場《まちば》の教育論

二〇〇八年十一月二十八日　初版第一刷発行
二〇二〇年五月七日　初版第十六刷発行

著者　内田 樹
発行者　三島邦弘
発行所　株式会社ミシマ社
郵便番号一五二－〇〇三五
東京都目黒区自由が丘二－六－一三
電話　〇三(三七二四)五六一六
FAX　〇三(三七二四)五六一八
e-mail hatena@mishimasha.com
URL http://www.mishimasha.com/
振替　〇〇一六〇－一－三七二九七六

印刷・製本　(株)シナノ
組版　(有)エヴリ・シンク

ISBN978-4-903908-10-6

好評既刊

内田 樹の「街場《まちば》シリーズ」

増補版　街場の中国論

内田 樹

尖閣問題も反日デモも…おお、そういうことか。

『街場の中国論』（2007年刊）に、新たな３章が加わった決定版！

ISBN978-4-903908-25-0　1600円

（価格税別）